首都经济贸易大学出版基金资助

国家社科基金重点项目
"移动社交网络舆情线上线下相互作用机理及引导机制研究"
（15AGL001）阶段性成果

稀有事件仿真方法

邱 月 ◎ 著

XIYOU SHIJIAN FANGZHEN FANGFA

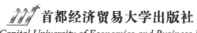

首都经济贸易大学出版社

Capital University of Economics and Business Press

·北 京·

图书在版编目（CIP）数据

稀有事件仿真方法/邱月著. －－北京：首都经济贸易大学出版社，2019.1

ISBN 978－7－5638－2893－7

Ⅰ.①稀… Ⅱ.①邱… Ⅲ.①金融危机—计算机仿真—研究

Ⅳ.①F830.99－39

中国版本图书馆 CIP 数据核字（2018）第 256560 号

稀有事件仿真方法

邱　月　著

责任编辑	刘元春　田玉春	
封面设计	砚祥志远·激光照排　TEL：010-65976003	
出版发行	首都经济贸易大学出版社	
地　　址	北京市朝阳区红庙（邮编 100026）	
电　　话	（010）65976483　65065761　65071505（传真）	
网　　址	http：//www.sjmcb.com	
E－mail	publish@cueb.edu.cn	
经　　销	全国新华书店	
照　　排	北京砚祥志远激光照排技术有限公司	
印　　刷	人民日报印刷厂	
开　　本	710 毫米×1000 毫米　1/16	
字　　数	170 千字	
印　　张	10.25	
版　　次	2019 年 1 月第 1 版　2019 年 7 月第 1 版第 2 次印刷	
书　　号	ISBN 978－7－5638－2893－7/F·1591	
定　　价	42.00 元	

内容简介

2007 年美国爆发次贷危机，给美国乃至世界的经济发展带来了巨大影响。2008 年春节前夕，雪灾给我国人民的生产和生活造成了巨大的损失。这类发生的概率小，但一旦发生就会造成严重后果的事件引起了人们的高度重视。

实际上，在过去的几十年间，计算机的高速发展已经带动了稀有事件理论的发展。但由于稀有事件发生机制的复杂性和发生模式的多样性，定量化分析的难度很大。

本书在分析总结现有研究成果的基础上，提出了三种基于重要抽样的稀有事件仿真实现策略，用来估计稀有事件发生的概率；并针对商业银行信用风险评估问题的特点，将稀有事件分析方法引入信用风险预警模型中，扩大了稀有事件理论的应用范围，奠定了风险评估的理论基础。

前　言

在过去的五六十年间，借助计算机技术的飞速发展，稀有事件概率估计取得了显著的研究进展。基于传统的蒙特卡罗（Monte Carlo）仿真方法不能有效估计稀有事件的概率，因而需要提高抽样效率。目前学者们主要采用基于重要抽样和基于重要分层这两种提高抽样效率的方法来提高传统的仿真方法的效率。

重要抽样的主要思想是修改系统使得估计量的概率增大，然后应用标准的仿真方法估计概率，最后通过反变换得到原始的概率估计结果。

重要分层的主要思想是修改系统的仿真路径，增大系统仿真到稀有事件较易发生的区域内的概率，从而得到估计量。

这两种方法都有近60年的历史，而且现今也发展得较为完善。由于应用重要分层方法需要对系统的大偏差行为有一定的了解，在实际应用中存在一定的难度，所以本书主要讨论重要抽样方法，并对其理论和应用进行了深入的研究。本书主要研究内容如下：

（1）总结回顾了稀有事件领域的研究现状，分析了现有重要抽样仿真方法的优缺点。采用重要抽样方法仿真稀有事件是定量化分析稀有事件问题的一种既有效也很有应用前景的方法，但是现有的重要抽样实现策略存在着适用性弱、收敛性差等问题。

（2）在总结回顾现有重要抽样实现方法的基础上，分别利用不同的数学背景，提出了三种重要抽样方法实现策略。

① 基于极小化方差的重要抽样方法。在实际问题中得不到最优的重要抽样分布函数，所以一种思路是极小化重要抽样估计量的方差，选取重要抽样密度函数。本书选取经典的指数变换方法来构造重要抽样分布类，通过对重要抽样估计量方差的极小化方法来寻找最优重要抽样分布函数，再根据最优重要抽样分布函数生成样本，得到稀有事件概率的估计量。

② 基于期望的重要抽样方法。利用随机变量的密度函数与最优重要抽

分布函数比值的期望为1，来寻找最优重要抽样分布函数，以期为在实施重要抽样方法的过程中选取重要抽样分布函数提供一种新的解决办法。数值仿真实验证明了该算法应用于稀有事件概率估计的有效性。

③基于似然比构成的鞅的重要抽样方法。重要抽样密度函数与最优重要抽样密度函数的似然比构成随机变量序列，利用鞅等于最优重要抽样密度函数，构建寻找最优重要抽样分布函数的新方法，给出了该方法的算法过程。数值仿真实验证实了该算法应用于稀有事件概率估计的有效性，并将该方法与本书所提的基于期望的重要抽样方法进行了对比。

（3）对于项目管理中的一类稀有事件，即在某项工程中总的完工期大于一个给定的时间，当很大时，这是一个稀有事件。本书分别用基于极小化方差的重要抽样、基于期望的重要抽样、基于似然比构成的鞅的重要抽样方法来估计此类稀有事件的概率。文书对给定的不同值进行仿真，数值结果显示本书算法与传统的蒙特卡罗仿真算法相比，无论是仿真效率还是结果的精度都有明显提高。而且对于小概率事件，当传统的蒙特卡罗仿真方法无能为力时，本书算法仍然可以在较少的仿真次数下得到理想的结果。

（4）在对交叉熵方法以及极小化交叉熵方法加以系统分析的基础上，总结了应用于解决稀有事件概率估计问题及组合优化问题的可能性和不足。针对带有货物权重及随机需求的车辆路径问题，基于补救随机规划的思想，建立了模型。针对问题的性质，设计了一种基于交叉熵方法的算法对问题进行求解：首先，生成初始转移矩阵，按照转移矩阵随机生成路径；其次，按照交叉熵的思想更新转移矩阵；最后，满足终止条件结束循环，找到最优转移矩阵，得到车辆路径。计算结果显示算法在求解此类问题时，具有较好的优化性能以及优良的时间性能。

（5）系统仿真是风险评价的一种重要手段，本书针对商业银行信用风险预警问题，提出了一种基于稀有事件仿真的信用风险评估方法。以上市公司未偿还贷款的概率作为衡量信用风险高低的标准，构造基于稀有事件的商业银行信用风险识别模型。以各个指标的综合得分作为评价函数，即通过预抽样，得出评价函数的临界值；利用求得的评价函数临界值，确定违约概率，进而估计出违约概率的临界值；对训练样本进行检验，得出误判率；预测检验样本危机发生的概率，给出是否会发生违约事件的结论。模型的关键是要确定各个指标的权重参数值及违约概率。利用交叉熵方法构建了一种稀有事件仿真的有效算法，并由此估计出发生损失的概率。实证分析结果表明，模型对商业银行信用风险具有很强的识别能力，从而提供了一个风险预警的新视角。

（6）稀有事件理论是一门科学的方法，尽管经历了几十年的发展，并在诸如通信、排队论等领域得到了广泛的应用，但直到近十年才在经济、金融领域有所应用，尤其是在国内还属于发展初期。因此，本书结合商业银行信用风险的管理现状将稀有事件理论应用于信用风险预警系统，寻找风险发生的阈值；提出基于稀有事件理论的危机识别方法，对传统的信用风险识别方法进行改进；对于基于组合信用风险的模型，设计了一种基于鞅的重要抽样算法，通过数值仿真实验结果验证了本书提出的稀有事件仿真方法的可行性和实际应用价值。

本书可供系统仿真等相关专业的研究生与本科生作为参考用书。

在本书的撰写过程中查阅了大量资料，参考了许多专家的观点，在此表示诚挚的感谢！由于水平有限，书中如有不妥之处，恳请读者批评指正！

目　录

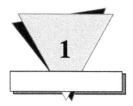

1

概 论

稀有事件是一种发生概率小但后果严重的事件，如 1997 年东南亚金融危机、2003 年"非典"疫情、2005 年东南亚大海啸等。虽然稀有事件的发生概率比较低，但一旦发生就会造成严重的后果，对人类的生产和生活产生巨大的影响。这些事件成了推动稀有事件相关学科兴起和发展的主要动力，关于稀有事件决策问题的研究也越来越受到人们的重视。在过去的五六十年中，关于稀有事件的研究取得了一些显著成果，极大地推动和提高了人们在稀有事件这一领域的认知水平和解决问题的能力，为防止这类事件发生并降低这类事件带来的损失提供了可靠的理论基础。因此，开展稀有事件的定量化分析具有重要的理论和现实意义。

1.1　稀有事件概述

稀有事件是指一类需要精确估计的小概率事件，这个定义显示出稀有事件的概率特性，即如果一个事件的概率很小，就可以称这个事件是稀有的。在本书以后的各部分都采用这个定义。

近年一些稀有事件频繁发生，如：2007 年美国爆发的次贷危机给美国乃至世界的经济发展带来损失；2008 年春节前夕，雪灾给我国人民的生产和生活造成了巨大的损失。由于这类事件没有准确的预警信息，人们没有充分准备，无法做出应对的措施，最终造成了巨大的人员财产损失。

在实际生活中也有很多问题属于稀有事件范畴，包括通信网络中的丢包问题、数据分析中的异常值处理问题、大额保险索赔问题、金融和经济指标的异常波动问题以及排队模型中顾客等待时间过长等问题。这些问题的共性就是发生概率比较小，一旦发生，会对社会、经济、环境等方面造成不同程度的损害。有的也许只是造成生活上的不便，有的可能带来经济上的损失，有的还可能造成人员伤亡、对社会造成不可挽回的影响，如大型客机的失事、核电站放射性物质的泄漏。估计这类事件发生的概率一直是制造、管理等部门面临的重大问题，为了降低风险，避免损失，对这类事件进行分析研究很有必要。

事实上，稀有事件相关理论的研究越来越受到人们的重视。稀有事件的概念自提出以来，逐渐引起国内外学者的广泛关注。当系统的解析或渐进特征未知时，就要求助于仿真方法。系统仿真是风险评价的一种重要手段，应用仿真技术可以更加直观地分析不确定性因素的表现形式和后果。因为要评估的事件太"稀有"以至于很难观测到，所以常常需要很长时间才能达到观测稀有事件的目的。也就是说，稀有事件共同的特点是在实际的生产活动中，很难观测到其发生。本书的研究目的之一就是试图解决这种难题，应用仿真技术，在较短的时间内观测到稀有事件的发生。

传统的蒙特卡罗方法仿真稀有事件时，需要庞大的仿真次数，于是人们提出许多降低方差的技巧。针对小概率事件仿真比较成熟的算法主要有两种：①重要抽样法，它通过尺度变换修改决定仿真输出结果的概率测度，使本来以小概率发生的稀有事件变得频繁发生，来加快仿真运行速度，从而在较短的仿真时间内得到稀有事件；②重要分层方法，它把积分区域分成若干的小区域，在每个小区域上按其重要性选取不等的抽样点数，进行局部均匀抽样，以代替整个积分域上的均匀抽样，采用关键阶段重复运行的方法来增加稀有事件的出现次数。

在针对稀有事件问题的决策中，一个非常关键的问题就是对事件发生的可能性加以科学估计，它是决策的基础和前提。目前，大部分稀有事件风险评估多集中于定性分析，因为稀有事件发生机制的复杂性和发生模式的多样性使得定量化分析的难度很大。因此，找到一种可以精确估计稀有事件发生概率的预测方法是稀有事件理论发展的一个主要推动力。重要抽样法是评估稀有事件发生概率的主要方法之一，在用重要抽样法进行稀有事件仿真时，最重要的一步就是找到最优的重要抽样分布函数。重要抽样分布函数的构造方法是决定重要抽样方法效率和适用性最重要的因素，如何寻找合适的最优重要抽样分布函数是本书有待解决的问题。

稀有事件理论在很多领域进行了深入的研究，如工程、统计、通信、可靠性领域等，然而稀有事件理论在金融领域的应用研究并不多见。世界银行的一项研究指出，信用风险管理不善是导致商业银行破产的常见原因。所谓信用风险，是指由于交易对方不履行或无力履行合约而导致损失的可能性。目前评估信用风险的方法很多，既有传统的信用风险评级方法也有新兴的风险测量方法。但是，我国信用数据库与信用评级体系建设还很不成熟，缺乏专门的信息收集、加工处理和分析系统。此外，由于我国还没有完成利率市场化改革，股票市场投机氛围较浓无法提供有效的资本市场信息，这些现实因素，都制约着信用风险度量模型在我国的直接应用。因此，构建适合我国国情的信用风险度量模型具有重要的现实意义。本书将银行储户不能偿还贷款的概率高低作为衡量信用风险发生与否的标准来构建信用风险度量模型。在现代信用风险管理中通常使用蒙特卡罗仿真方法来构造损失分布，如果损失发生的概率比较小，蒙特卡罗仿真方法的效率也很低。本书将损失发生作为稀有事件来考虑，并将稀有事件的理论引入信用风险度量中。稀有事件理论拓展到商业银行风险预警体系，无论对于稀有事件理论的发展还是对于丰富评估信用风险的方法，都是十分有意义的工作。

本书研究工作得到国家自然科学基金项目和教育部新世纪优秀人才支持计划的资助，具体如下。

第一，项目名称：中国宏观经济中期发展建模预测方法与应用研究。国家自然科学基金重点课题。批准号：70531010。

第二，项目名称：基于行为的若干社会经济复杂系统建模与管理。国家自然科学基金课题。批准号：70521001。

第三，项目名称：新世纪优秀人才支持计划（new century excellent talents in university）。批准号：NCET - 04 - 0175。

第四，项目名称：不确定性需求与柔性交货期下的生产与物流系统集成优化方法研究。国家自然科学基金课题。批准号：70771003。

1.2　稀有事件相关问题发展现状

稀有事件风险可分为两类：第一类与人的活动无关，如大地震，完全是自然灾害；第二类是人类的活动引发的灾难性事故，如核电站泄漏，此类风险通常也被称为技术风险。

由于各种客观与主观因素的影响，人们很难估计那些罕见但又偶然会发生事件的概率，一般采用的是将经验与理论分析相结合的方法。经验分析方法就是搜集发生的可能事件中所有能得到的数据，根据这些经验数据以及事件的相似性对事件发生的可能性加以估计；而理论分析方法则从理论上进行逻辑推断，其最高形式被称为概率风险估价。概率风险估价是把概率考虑在内的风险估计。

风险评估最早在 20 世纪六七十年代开始应用于美国核电厂的安全性分析，随后在发达工业国家的诸如化学工业、环境保护、航天工程、医疗卫生、交通运输、经济等领域得以广泛推广和应用。风险评估的目的在于事先给出分析对象的风险预报，它涉及的内容包括：①预报工程问题中可能出现的各种类型的风险；②估计风险产生的概率及其后果（经济上、人员上、环境上……）；③分析导致风险出现的各种潜在因素，并寻找主要的风险来源；④对分析对象风险——收益状况做出总体评估，为决策提供依据；⑤对可选的设计方案做出安全性评价，以选择最佳方案；⑥提出关于系统安全性的改进意见；⑦讨论某种设计或环境的变化对安全性的影响。从这些内容可以看出，稀有事件风险评估不仅仅估计系统发生灾难性失效的概率，而且分析其发生的原因和造成的后果，因而可以全面地反映系统的安全性。稀有事件风险评估所能提供的信息量是一般的系统可靠性分析远远无法比拟的，它是一种系统化的工作并涉及局部的特殊研究，分析结果在设计者、管理者之间进行分析、评价、讨论，然后采取相应的措施来改善系统的安全性。

1.2.1 稀有事件概率估计的风险分析方法

对于复杂系统的风险分析，不可避免地要涉及许多的不确定性，无论是系统建模，还是以概率的形式来表达不确定性都是复杂而困难的工作。事物本身的随机性，利用一般的概率理论足以处理；事物的模糊性，要利用模糊数学的理论来处理；知识的不完备性，在实际中只能依靠专家对这种不确定性做出评估。概率风险评估（probability risk assessment，PRA）是一个过程，用于了解系统的安全状况，寻找人和设备的安全问题，以及制定可行的降低风险的措施。

1.2.1.1 Bayes 方法

由于稀有事件决策问题所固有的复杂性和高度的不确定性，导致历史数据极为稀少甚至根本没有，如何有效地获取事件发生的相关信息，并准确地将所获得的相关信息转化成用定量方法可以处理的数据显得尤为重要。显然，采用传统的统计方法进行估计有较大局限性，通常需将统计方法与其他方法（如专家评判）相结合，一种有效的方式是利用贝叶斯（Bayes）理论融合先验信息和可能性信息，得到关于事件的后验分布。

贝叶斯理论的本质是利用后验信息对原有估计加以修正，从而实现对事件更加精确的估计，它体现了最大限度地利用现有信息并加以不断观察和修正的思想，是风险决策的重要方法。其一般步骤为：首先，由过去的经验或专家估计获得可能发生事件的先验概率；然后，根据调查或实验计算得到条件概率；最后，利用贝叶斯公式算出各事件的后验概率。贝叶斯公式的一般形式为：

$$P(B_i \mid A) = \frac{P(B_i)P(A \mid B_i)}{\sum P(B_i)P(A \mid B_i)} \quad i = 1,2,3\cdots,n \tag{1.1}$$

根据贝叶斯理论的原理，对稀有事件发生概率的后验估计可以描述如下：

$$\pi(x/E) = k^{-1}l(E/x)\pi_0(x) \tag{1.2}$$

式中：　　E——专家关于 x 值的判断集合；

$\pi(x/E)$——在专家给出判断集合 E 的条件下对未知 x 的后验知识；

k——标准化因子使得 $\pi(x/E)$ 是一个概率分布函数；

$l(E/x)$——在 x 的条件下专家给出 E 集合的似然函数；

$\pi_0(x)$——关于 x 的先验知识（先于接收到专家意见）。

一些已有研究应用以上原理框架提出许多不同的具体方法，并用它来融合不同类型的数据。阿波斯托拉基斯、卡普兰、加里克（Apostolakis、kaplan、Garrick）针对核反应堆安全问题建立了相应的贝叶斯方法，而帕里、温特（Parry、Winter）则将贝叶斯方法应用于一般的概率风险估计，并给出了理论分析。

可以应用两种融合专家判断的贝叶斯方法。

（1）专家直接判断

依贝叶斯准则，参数的后验密度满足如下关系：

$$p(\theta \mid x) \propto p(\theta) \times l(x \mid \theta) \tag{1.3}$$

式中：$p(\theta)$——参数 θ 的先验密度；

$l(x \mid \theta)$——样本 x 对 θ 的似然函数；

$p(\theta \mid x)$——参数 θ 的后验密度。

设样本 $x = (x_1, x_2, x_3\cdots, x_n)$ 是成败型试验的结果，即：

$$x_i = \begin{cases} 0 & 试验成功 \\ 1 & 试验失败 \end{cases} \quad i = 1,2,3\cdots,n \tag{1.4}$$

各次试验相互独立，又因为 $p(x_i = 1) = \theta$，$p(x_i = 0) = 1-\theta$，即各次试验失败的概率为 θ，成功的概率为 $1-\theta$。令 $\Gamma = \sum\limits_{i=1}^{n} x_i$，即 Γ 为 n 次独立试验失败的次数，根据二项分布的定义，Γ 服从参数为 θ 的二项分布，其密度函数为：

$$p\ (\varGamma = k)\ = \binom{k}{n} \cdot \theta^k \cdot\ (1-\theta)^{n-k} \tag{1.5}$$

上式即为样本 x 对参数 θ 的似然函数，即有：

$$l\ (x\mid\theta)\ = p\ (\varGamma = k)\ = \binom{k}{n} \cdot \theta^k \cdot\ (1-\theta)^{n-k} \tag{1.6}$$

贝叶斯分析的关键在于如何合理确定参数的先验分布，常用的方法有贝叶斯假设法、共轭分布法、杰弗莱原则法等。此处使用共轭分布法，设样本 x 对参数 θ 的似然函数为 $L\ (x\mid\theta)$，如果参数 θ 的先验密度 $p\ (\theta)$ 与它所决定的后验密度 $p\ (\theta\mid x)$ 为同一类型，则称先验密度 $p\ (\theta)$ 为似然函数 $L\ (x\mid\theta)$ 的共轭分布的密度函数。

根据统计学知识，二项分布的共轭分布为 β 分布。设 θ 的先验密度为 β 分布的密度函数，即：

$$p\ (\theta)\ = \beta\ (a,\ b)\ = \frac{\varGamma\ (a+b)}{\varGamma\ (a)\ \varGamma\ (b)}\theta^{a-1}\ (1-\theta)^{b-1} \tag{1.7}$$

根据 β 分布的实际含义，可以理解为：事前做了可靠性试验 $a+b$ 次，其中有 a 次失效，b 次成功。在知道试验结果 $x = (x_1,\ x_2\cdots,\ x_n)$ 后，由上面三个式子可求出 θ 的后验密度。

对于很多没有办法采取多次试验来获取可靠性数据的地方，采用专家评判的方法也是一个途径，在此一个专家的判断变成一次可靠性试验。当然这里有一些基本假设，回答的质量和相关性都是不错的，没有必要对专家的知识进行权重分析，且允许专家的边际错误。处理办法是让每位专家给一个肯定判断或否定判断：若肯定则赋值 $x = 0$，意味试验成功；否定则赋值 $x = 1$，意味试验不成功。采用上面的分析融合方法求出 θ 的后验密度。

（2）专家直接估计

在某些情况下可以采用专家直接估计办法来取得决策者所需要的信息。在仿真中基本上考虑两种类型的数据：第一种为普通数据，如在一些类似应用环境中相似事件的历史观测数据，研究者用它来决定一个合适的先验分布；第二种为面向应用领域的特有数据，是专家在某一特定领域的经验知识，利用这类数据可以采用后验分布的形式调整先验信息。

专家直接估计就是将专家的知识领域与观测结果相结合，利用专家知识来弥补稀有事件所造成的观测数据不足。由于专家具有丰富的专业知识，通过合理的方法能够引出非常有用的信息来减少不确定性。

苏庆华提出利用概率风险评估方法进行稀有事件的概率研究，指出在现今不确定性无法消除的情况下，采用概率风险评估方法可以对系统风险有一个非常清楚的认识，以此通过人类自身的努力推迟稀有事件的到来，减少其带来的损失。

李涛建立了对不同数据类型适应面广、可操作性强、便于推广使用的稀有事件概率风险评估方法。综合利用已有的研究成果，找出适合稀有事件不同类型累积观测数据特点的评估方法，重新组织成为一个完整的解决方案，其中主要利用了回归分析法、小样本处理法、异常数据剔除法、增长过程检验法及对应的处理方法。

1.2.1.2 极值理论

极值理论在建立稀有事件模型中也得到了较多的应用，如水灾分析、空气质量分析和可靠性分析等。因为极值理论是专门研究分布尾部的一种方法，反映的是极端事件的发生概率，所以极值理论关心的不是数据主体而是概率分布的尾部数据，其试图找到概率分布尾部的近似表达式。

极值理论研究次序统计变量极端值的分布情况，其可以在总体分布未知的情况下，依靠样本数据，得到总体中极值的变化性质，具有超越样本的估计能力，目前被认为是很优秀的预测方法。由于极值理论是根据大量的历史数据对未来的极端风险进行的估计，极值理论在大量的样本数据下更有效，在数据缺失的情况下适用性较弱。

1.2.1.3 故障树分析法（FTA）

故障树分析法以导致系统失效的一个事件（顶事件）作为分析目标，以图形的方式表明系统是怎样失效的。通过故障树分析可以清楚地了解系统是通过什么途径失效的，从而可以找出导致失效（稀有事件）的根本原因。

翟性泉和王翠珍研究了引信故障树数字仿真的抽样方法。对故障树中的小概率事件，采用变通匕首抽样法进行抽样，对完备事件组采用一次完成对一组事件抽样，解决了故障树仿真中小概率事件和完备事件组的抽样问题，并提高了抽样效率。

1.2.1.4 故障模式影响分析（FMEA）方法

故障模式影响分析方法简单易行，是美国古拉曼公司为了研究飞机主操纵系统可靠性提出的失效模式影响及危害度分析技术。

1.2.1.5 E. Cagnoa－F. Carona 方法

卡格诺、卡罗纳（Cagnoa、Carona）等人在 1999 年提出估计部件失效的新方法，他们采用了层次分析法来导出专家的意见，以此来决定事件的先验分布，然后采用贝叶斯方法推断融合历史数据得到失效概率。

1.2.2　稀有事件概率估计的模糊算法

在稀有事件的概率风险分析中，常常会遇到一些不明信息，特别是在处理复杂问题时，有许多信息是模糊的，采用传统的概率统计方法很难描述。近年来模糊数学的迅速发展为解决这类问题提供了强有力的工具，利用模糊集理论可以很好地表达和处理这些信息。在估计稀有事件发生概率时，专家的主观判断是非常重要的环节，然而面对一个复杂问题，要求专家给出稀有事件发生概率的确切值是很困难的，也是不现实的。当专家的判断是基于有限的数据和不准确的知识时，采用模糊表达较为合理。在应用贝叶斯方法和模糊数学方法时都会遇到处理主观判断的问题，在此过程中需要解决以下三个问题：

第一，如何描述从主观判断所得出的不确定信息；

第二，怎样合成从不同主体引导出的信息；

第三，信息在系统中的传播模式。

一般说来，如果主观判断来自多个专家，则不同专家之间意见综合是一个十分重要的问题。由于不同专家知识背景和权威性的差异，他们的意见还存在权重问题，专家之间的相关程度也是一个棘手的问题，现有文献还没有在这方面做深入的研究。一般认为，对主观判断表达之后，应有一个置信程度估计和分析。最近，模糊理论被广泛地应用于安全评估领域，特别是高系统安全要求的大型技术项目中，下面主要从专家判断这一角度介绍模糊理论在稀有事件概率评估中的应用。

在研究不确定性决策问题时，如何对各种不确定性现象发生的可能性加以描述和分析是其中的关键之一，这对于稀有事件决策问题的研究尤为重要。由于稀有事件发生概率小，通常后果严重，而且缺乏有效的历史数据，采用传统的统计推断方法难以有效处理这类问题。例如，采用极值渐进法时，会因为其统计均值的置信区间太大而失去实际意义。如何估计这类问题的发生概率一直是一个棘手的问题，有关研究表明，专家根据其丰富的实践经验和领域知识，在解决以上问题时具有重要作用。因此，将专家的主观判断与统计分析方法相结合，成为解决这类问题的一条有效途径。在处理这种多源主观判断的传统处理方法中，最常用的是贝叶斯后验概率方法，这种方法要求专家先对事件的发生概率给出一个确定的估计值，如果专家给出的数值有较大偏差，势必影响最终的估计结果，因此在实际操作中很难实现。为解决以上问题，可利用模糊理论的有关方法来描述专家判断，并结合 D－S 证据理论对多个专家的主观判断加以融合，从而有效提高估计方法的合理性和可操作性。

1.3　稀有事件仿真问题的研究现状

计算机的发展给不确定性研究提供了一种新的研究方法，计算机仿真理论也随之飞速发展。仿真技术广泛应用于工业、交通运输、通信网络、航空航天、医疗卫生、林业、军事作战以及社会服务系统、金融银行等领域。仿真技术的应用为不确定性因素的实现和表现提供了可能，通过在仿真过程中模拟重要稀有事件的发生及其发生后的系统运行过程，监测运行中性能测度的变化，可以有效地评估重要稀有事件对系统性能的影响，并探索相应的优化策略。

由于稀有事件发生概率很低，利用普通的仿真实验仿真稀有事件时往往需要运行很长时间才能产生具有统计意义的实验结果。假设用仿真的方法估计有限排队系统中丢包问题的稳态概率 r。标准的蒙特卡罗仿真方法就是重复实验 N 次，计算丢包的次数 $l(N)$，用下式作为概率估计量：

$$\tilde{r}_N = \frac{l(N)}{N} \tag{1.8}$$

在假设观测点是独立的条件下，$E\{\tilde{r}_N\} = r$，$\mathrm{Var}\{\tilde{r}_N\} = \dfrac{r(1-r)}{N}$。根据中心极限定理，$\tilde{r}_N$ 的 $100(1-\alpha)\%$ 置信区间半长近似为 $\tilde{r}_N \pm z_{\alpha/2}\sqrt{r(1-r)/N}$，其中 $z_{\alpha/2}$ 满足 $\alpha/2 = P_r\{N(0,1) \geq z_{\alpha/2}\}$，$N(0,1)$ 表示均值为 0、方差为 1 的标准正态分布。假设 95% 置信度的置信区间半长不超过估计量的 10%，即显著性水平 $\alpha = 0.05$，这也就可以得出 $z_{\alpha/2} = 1.96$，进而得出如下不等式：

$$\frac{1.96\sqrt{r(1-r)/N}}{\tilde{r}_N} \leqslant 0.1 \tag{1.9}$$

由 $N \to \infty$ 时，$\tilde{r}_N \to r$，得出 $N \geqslant \dfrac{384}{r}$。可以看出，要想得出具有统计意义

的结果所需要的样本数是待求的事件概率值的倒数。如果 $r = 10^{-12}$，则需要仿真 $N \approx 3.84 \times 10^{14}$ 次，才能得出有价值的仿真结果。如果计算机每秒钟可以仿真 10^5 到 10^7 次，那么需要的仿真时间为444天到122年。在前面所述的仿真过程中，假设样本是独立的，然而在某些实际情况中，发生稀有事件恰恰是不独立的，因此相应的仿真次数就会提高一个或两个数量级。

从上面的分析可以看出，在实际中很难用蒙特卡罗仿真方法来仿真稀有事件。事实上，早在20世纪40年代，核物理学家就在试图减少蒙特卡罗仿真所需的样本大小时提出了如何提高仿真效率这个问题。在过去的几十年间，人们已经提出了很多能够成数量级地减少仿真时间的仿真技巧。

因为稀有事件仿真技巧可以减少估计量的方差，所以其经常被当作方差衰减技巧（variance reduction techniques，VRT）。实际上，稀有事件仿真技巧是方差衰减技巧的一个特殊分类，方差衰减技巧还包括很多其他方法，如控制变量法（control variates）、对立变量法（antithetic variates）、间接估计法（indirect estimation）等，但是这些方法不能在很短的时间内仿真到稀有事件，应用范围不广泛。在加速仿真的过程中，由于使用了稀有事件仿真技术，使得仿真到单次样本的成本比普通仿真方法的成本有所增加。萨多夫斯基、阿尔特米拉诺（Sadowsky、Altamirano）等给出了由于使用方差衰减技巧而导致单次生成样本的成本增加的实例，格林、惠特（Glynn、Whitt）讨论了产生这种现象的理论原因。

稀有事件仿真算法的本质就是修改仿真策略使得在同样的系统环境下稀有事件的发生次数增加。为了达到这一目的，需要了解所处系统的各种特性，尤其是如下几个方面：

第一，一般情形时，系统所处的状态和系统最有可能发展的状态；

第二，系统的何种状态与稀有事件相关；

第三，系统从某种状态出发，沿着系统的哪一条路径能够以最大的概率到达稀有事件发生的状态。

目前针对稀有事件仿真比较成熟的方法主要有两种：重要抽样方法（importance sampling）和重要分层方法（importance splitting）。这是两种截然不同的稀有事件仿真技巧。

除了得到广泛研究的重要抽样方法和重要分层方法之外，学者们还提出了另外一些稀有事件仿真技巧。其中盖沃龙斯基（Gaivoronski）提出的跳变分层法（transition splitting）是利用离散时间马尔可夫链（discrete time Markov chain，DTMC）来减少稀有事件估计量方差的方法。跳变分层法的基本思想是将转移概率矩阵（transition probability matrix，TPM）P分解成另外两个转移概率矩阵的线性组合，即$P = \alpha A + \beta B$。相对于P来说，分解后的转移概率矩阵A更易驱动系统向稀有事件发生的状态转移。通过人为方式增大过程向稀有事件发生状态集合转移的概率，同时减小过程向其他过程转移的概率，达到增大系统稀有事件样本发生可能性的目的。标准的离散时间马尔可夫链仿真方法思想是随机选取A或者B生成下一个转移矩阵，这里选取A的概率为α。在仿真过程中可以通过以高于α的概率选取A来增大仿真到稀有事件的频率。盖沃龙斯基提出了如何得到无偏估计量的方法。跳变分层法通过恰当选取转移概率矩阵A和B达到方差衰减的目的，这种方法的缺点是它仅适用于能够应用马尔可夫链分解的问题。

分布式仿真和并行式仿真也是解决稀有事件仿真问题的方法。选取一个好的模型可以成数量级地减少仿真时间，如流体模型或者脉冲模型。

稀有事件问题常常需要很多仿真分析，因此一个理想的稀有事件仿真方法应当对标准的仿真问题具有适用性，这就需要稀有事件仿真技术满足如下几个方面的标准：

第一，适用于大多种类的问题；

第二，与模型的假设条件不相关；

第三，对系统的规模大小和复杂程度不敏感；

第四，需要使用者参与的程度小；

第五，对系统的动力特性不需要太多了解；

第六，稀有事件特有的理论和实际的操作技能要求少。

虽然很多学者在这些方面进行了大量的研究，但现在已有的稀有事件仿真技术还不能满足上述的标准中的任何一条。尽管如此，大部分的稀有事件问题还是能够找到恰当的适用于自身的稀有事件仿真方法来解决。

从稀有事件仿真的实用性来考虑问题，稀有事件仿真最重要的目标就是要加速仿真，也就是说，对于特定的问题，将实际所需的仿真时间缩短到可以接受的时间范围之内。渐进有效性是衡量稀有事件仿真方法好坏的一个重要理论标准。从前面的分析可知，当稀有事件的概率r接近于零时，用蒙特卡罗仿真方法仿真所需要的时间接近于无穷。由于仿真次数$N \geq \dfrac{384}{r}$，当r呈指数衰减时，相应的仿真次数 N 呈指数增长。从这个意义上讲，当稀有事件的概率 r 接近于零时，所需要的仿真次数不变或者是与以指数增长的速度相比增长放缓，就认为这个稀有事件仿真方法是渐进有效的。

有界相对误差是度量一个方法是否有效的另外一个标准。相对误差的定义为：

$$\varepsilon_{\tilde{r}_N} = \frac{\sqrt{\mathrm{Var}\{\tilde{r}_N\}}}{E\{\tilde{r}_N\}} \tag{1.10}$$

即用估计量的标准差除以估计量的期望值。显然使用蒙特卡罗仿真方法仿真稀有事件时，当 $r \to 0$ 时，$\varepsilon_{\tilde{r}_N} \to \frac{1}{\sqrt{rN}}$，即无论仿真次数 N 多大，相对误差都是无界的。只有当 $r \to 0$ 时，相对误差的增长速度低于指数增长速度时，稀有事件仿真估计量才会存在有界相对误差。

1.3.1 重要抽样法（importance sampling）

重要抽样法是统计学中的一种方法，在 20 世纪 40 年代首次被引入计算机仿真中。重要抽样法的主要思想是修改决定仿真输出结果的概率测度，使本来以低概率发生的稀有事件变得频繁发生，从而加快仿真运行速度，并可以在较短的仿真时间内仿真到稀有事件，最后为了修正因修改概率密度函数而引起的估计量的变化，需在仿真结果上赋权重，进而得到无偏估计量，因此，应用重要抽样法的关键步骤就是确定导致系统偏差的修改参数和具体的偏差量。

重要抽样法最早应用于通信领域中，用于估计通信连接中的比特误差，随后应用于网络环境中。迄今为止，重要抽样法已经成功地应用于诸如可靠性模型、随机网络、保险风险分析等领域。

在发展初期，仅在蒙特卡罗分析中应用重要抽样方法来解决问题。直到 20 世纪 80 年代，重要抽样方法才首次应用于随机系统。在随机系统中应用重要抽样算法的基本步骤就是改变独立的随机元素，如到达过程、服务分布等，进而重新构造选定的输出分布函数。德维茨基奥蒂斯、萨多夫斯基（Devetsikiotis、Sadowsky）等指出因为被更改的成分会影响系统随后的状态，所以这种方法固有的局限性就是很难确定改变哪个参数和具体改变多少。

稀有事件估计经常应用在电信网络中，如在 ATM 网络中估计信元失效概率。宋晓通、谭震宇为解决大型发输电组合系统可靠性评估中计算费用过高的问题，提出了利用改进的重要抽样法模拟系统运行状态以减小抽样方差，结合线性规划松弛技术和两阶段修正单纯形法进行系统分析计算以降低线性规划阶数的算法，并开发了相应的评估软件，对大型发输电组合系统可靠性水平的仿真分析表明，该算法可进行准确、快速的评估。杜军威和徐中伟根据计算机联锁软件失效危险严重性等级的不同，研究了重要抽样方法在计算机联锁软件测试和评估中的具体应用，实验证明，该方法在不影响评估结果的准确性情况下，解决了传统联锁软件测试效率低的问题。康春华针对隐式极限状态方程的小失效概率问题，提出基于自适应重要抽样的可靠性灵敏度分析方法，从重要抽样抽取的所有样本点中选取合适的样本，利用回归分析和隐函数求导法则，求取失效概率对基本变量分布参数的灵敏度。卞小林和黄双华将重要采样法应用于雷达虚警系统的模拟，比较二进制滑窗积累器和四进制积累器的虚警概率性能，结果表明了重要抽样法在模拟时间上的优势。

郑承利在朗斯塔夫和施瓦兹提出的基于多项式函数逼近的美式期权仿真定价基础上，给出美式期权重要性抽样仿真方法——顺推法及其具体算法，同时给出重要性与分层抽样相结合的算法，该方法可以适用于类似美式期权具有可提前执行特征以及路径依赖特征等金融衍生工具仿真定价，具有一般性。数字示例比较结果表明，相对于 LS 方法，重要性抽样和分层重要性抽样都具有较好的方差缩减效果，尤其是分层重要性抽样方法。王金安从理论上分析了重要性抽样技术在几种期权定价中的具体应用，通过实例说明这种测度转化的运用并通过确定最优漂移率水平而给出模拟的具体算法，用对比分析的方法实证模拟和检验了用最优漂移率水平进行重要性抽样能最大限度地减小估计方差。

在马尔可夫系统中应用重要抽样算法，不是更改独立的随机元素，而是直接更改系统的转移矩阵。格林和伊格哈特讨论了如何将重要抽样算法应用在离散时间马尔可夫链（discrete time Markov chain，DTMC）中，用马尔可夫链的转移矩阵来代表系统路径。他们还对重要抽样算法应用于连续时间马尔可夫链（continuous – time Markov chains，CTMCs）和一般半马尔可夫过程（generalized semi – Markov processes，GSMPs）等问题进行了分析。对于连续时间马尔可夫链，戈亚尔和谢哈布丁等研究了修改转移概率矩阵的重要抽样方法。马超和吕震宙采用重要抽样法计算失效概率，基于重要抽样马尔可夫链模拟提出一种可靠性灵敏度分析新方法。所提方法根据计算失效概率积分表达式，将失效概率对基本变量分布参数偏导数表征的可靠性灵敏度转化为一个特征函数的条件数学期望形式，该数学期望是以基本变量在失效域中的条件概率密度函数为基础。然后利用重要抽样马尔可夫链模拟，将计算失效概率的重要抽样样本转化为基本变量落在失效域中的条件样本。最后用特征函数在这些条件样本点处的样本均值估计数学期望，进而完成可靠性灵敏度分析。

刘建峰和吴成龙利用重要抽样法，通过对模糊变量当量随机变量的抽样，用数字仿真的方法估计零件的可靠性；在把模糊变量转化成当量随机变量后，根据当量随机变量的信息利用遗传算法计算设计点，并构造重要抽样密度函数，然后通过对当量随机变量重新抽样来计算零件的失效概率；用算例比较了重要抽样法和蒙特卡罗法的计算结果，验证了用重要抽样法对模糊变量进行抽样的可行性和效率。

吴淮宁和李勇等将重要抽样法与神经网络用于不确定控制系统的模糊鲁棒性分析中。重要抽样法被用于提高当模糊不可接受性能的概率很小时的抽样效率，而神经网络被用于预测每次仿真试验中所需计算时间较长的性能指标值。他们所使用的方法降低了标准蒙特卡罗仿真（MCS）方法在处理模糊鲁棒性分析中小概率事件以及性能指标计算时间较长所带来的过高计算成本，其仿真结果验证了方法的有效性。

应用重要抽样方法仿真稀有事件，最重要的一步就是找到恰当的重要抽样分布函数。人们已经研究出很多如何找到重要抽样分布函数最优参数的方法，现在针对这一问题大致有三种解决方法：一是基于极小化方差（minimum variance）的方法；二是基于交叉熵（cross – entropy，CE）的方法；三是基于大偏差理论的方法。前两种方法将在以后的章节中详细介绍。

大偏差理论（large deviation theory，LDT）是一种基于概率论的方法，大偏差原理源于唐斯克和瓦拉丹的奠基性工作并且在统计物理学中得到广泛应用，也是目前随机分析的一个快速发展方向。在实际中，一般应用随机分析中某些典型随机过程模型的大偏差定理并基于启发式方法构造抽样分布，大偏差原理的应用最初是针对排队系统的重要抽样问题。海德尔伯格证明了基于大偏差理论的重要抽样估计量是渐进有效的和渐进最优的。应用基于大偏差理论的重要抽样方法首先要确定初始分布经指数扭转变换后的偏差发布

（biased distributions）。指数扭转即指将初始分布函数乘以指数系数 θ，再将其标准化。布可鲁和萨多夫斯基分别给出了在马尔可夫附加过程中应用基于大偏差理论的重要抽样方法得到的估计量的渐进最优性，并给出在时齐马尔可夫链中指数变换是唯一能够得到渐进最优性的测度变换。然而，经理论验证，这种方法仅可以应用于相对简单的系统，如单队列排队系统中。

金光从计算复杂性的角度提出极小概率事件发生概率估计的困难，综述了基于随机优化和大偏差原理的技术、加速失效法、分裂法等几种最优抽样分布构造技术的实现及其适用范围，并提出基于知识的重要性抽样思想，有助于解决数字仿真，特别是高可靠度系统可靠性仿真中的抽样效率问题。

萨多夫斯基和布可鲁针对重要抽样分布函数要特别选取的问题，提出用大偏差理论来设计仿真，并将这种理论应用在高斯输入的非线性系统的仿真中。应用基于大偏差理论的重要抽样算法通常不需要估计量方差确定的、严谨的表达形式。在给定偏差值 θ 的情况下，德瓦基奥蒂斯和汤森德等研究了在较少的重要抽样仿真次数的情况下就可以得到重要抽样估计量的统计测度的方法，进而寻找最优极小化估计量方差偏差 θ 的问题就等价于求解一个随机最优化问题。罗伯特和甘乃迪研究了一类在马尔可夫链中的具有潜在危害性的稀有事件，通过运用逆时间模型来加速仿真，并与基于大偏差理论的变换方法进行比较。虽然人们已经研究出很多不同的方法来求解最优偏差参数，但由于使用基于大偏差理论的重要抽样方法需要大量的数值和解析方法来计算偏差，限制了基于大偏差理论的重要抽样方法的应用范围。因此，本书采取基于极小化方差方法及基于交叉熵的重要抽样方法来研究问题。

在结构可靠性分析中，传统的重要抽样法将抽样中心移到设计点处，可提高抽样效率。袁修开和吕震宙在传统的重要抽样方法基础上，通过引入截断的重要抽样函数，提出失效概率计算的截断重要抽样法。与传统的重要抽样法相比，所提方法将重要抽样的区域控制在以均值点为球心的超球之外，从而进一步提高抽样效率。结果表明：在相同的抽样次数下，截断重要抽样法比传统的重要抽样法具有更小的失效概率估计值变异系数；而在相同的计算精度下，截断重要抽样法所需的样本数更小，这说明截断重要抽样法比传统重要抽样法具有更高的效率。宋述芳和吕震宙提出基于子集模拟的序列重要抽样法。该方法首先利用子集模拟的基本思路，引入合理的中间失效事件将概率空间划分为一系列的子集，然后再依据重要抽样法的思想，逐步构造序列重要抽样函数来求得失效概率的估计。结果表明基于子集模拟的序列重要抽样法不依赖于极限状态方程的形式，且适用于非正态分布随机变量，其可靠性分析结果有很高的计算精度。

重要抽样方法的一个基本特征就是可以得到无偏估计量，因此将似然比likelihood ratio（LR）作为权重因子来计算稀有事件发生的概率。当仿真随机过程时，每次状态转移后都将似然比乘以状态因子。李雄、黄建国把蒙特卡罗方法与最大似然方位估计相结合，提出一种基于重要性抽样的最大似然方位估计新方法（maximum likelihood DOA estimator based on importance sampling，ISMLE）。研究结果表明，ISMLE 方法不但保持了原最大似然方位估计方法的优良性能，而且大大减小了计算量，把原方法的计算复杂度从 $O(L^k)$ 减少到 $O(k*h)$。

唐纯喜和金伟良针对支持向量计算法能够较好地解决小样本的统计学习问题，提出了基于支持向量机的重要抽样方法。基于回归支持向量机方法，采用有限的经验点重构结构极限状态方程，结合重要抽样方法计算非线性的隐式极限状态方程结构的可靠度。该方法相对传统响应面方法在结构计算工作不增加的条件下，可以获得高精度的解，能较有效地解决非线性隐式极限状态方程的结构可靠分析问题。为了提高采用蒙特卡罗方法计算结构可靠度的效率和精度，提出了一种部分解析的失效面上的复合蒙特卡罗方法。结合重要抽样方法，对结构极限状态方程中某一变量或变量表达式的解析求解，将抽样点投影到失效面上，不仅保证了抽样的有效性，而且使算法对高度非线性失效面具有更强的适应性。解析解的引入，降低了抽样维数，减小了计算结果的随机性，提高了计算精度，通过理论推导和数值计算证明了该方法的有效性。

张崎和李兴斯提出了一种基于克里金（Kriging）模拟的重要抽样方法用以结构可靠度计算。克里金方法能够较好地模拟高度非线性的极限状态方程，并以此模拟计算代替真实的结构分析，其主要目的是为了减少蒙特卡罗方法的计算量。将此方法用于两个框架结构可靠度分析的实例，表明该方法具有实施有效性和具有较高的计算效率。

赵广燕和张建国针对机构可靠性分析的特点，研究了将重要度抽样和响应面法相结合的机构可靠性分析方法，对某型飞机升降舵操纵机构在规定时间内下偏到位的可靠性进行了分析计算。结果表明该方法可显著提高机构可靠度计算的效率，是一种较好的机构可靠性分析方法。

1.3.2　重要分层法（importance splitting）

分层抽样是解决稀有事件仿真难题的重要方法之一，其是概率抽样的一种。调查标志特征差异明显的研究总体时一般采用分层抽样。只有通过分层才能使各类单位都有可能被抽取，从而使样本更具有代表性，这一点与定额抽样的目的是一致的，但各层应抽单位数的多少，应考虑各层的大小和内在构成的复杂程度。

在蒙特卡罗仿真中，需花费大量仿真时间在那些远离稀有事件发生的状态集合内进行仿真。重要分层的基本思想即采用关键阶段重复运行的方法来增加稀有事件的出现次数，定义一个靠近稀有事件状态集的状态矢量空间，每次系统从远离这个状态矢量空间的区域进入这里，都生成很多条同样的轨道副本，这些轨道具有相同的起始点，不同的终点，可以用不同的随机数表示。整个系统的轨道被分割成新的子轨道，这也就是"splitting"方法的由来。如果不从一般的状态开始，而从接近稀有事件发生的状态开始进行，稀有事件在仿真中出现的频率将会大大增加，这样就在稀有事件发生频繁的区域内得到了较多的样本。远离稀有事件发生的状态集与靠近稀有事件发生的状态之间的边界可以由一个与系统特性相关的临界点描述。偏移后的状态叫作临界点。

汉姆斯雷、汉斯卡姆（Hammersley、Handscomb）研究了在再生系统中应用重要分层仿真方法估计到达稀有事件状态的概率。格拉斯曼（Glasseman）等也讨论了类似的问题。这种分层抽样方法对子轨道的生命周期没有限制，也就是说，每一条子轨道都可以到达再生状态，称之为无约束分层抽样方法。在某些情况下，这种抽样方法会使仿真陷入死循环，即子轨道以很小的概率到达稀有事件状态。

贝叶斯提出了约束分层抽样方法，可以避免仿真陷入死循环。在这种方法中，某个临界点是在子路径"向上"延伸时生成的，如果"向下"延伸时又穿过同一个临界点，那么这个子路径就立刻终止。维伦、维尔肯（Villen、Vilkn）在贝叶斯、霍普曼、克雷宁（Bayes、Hopmans、Kleijnen）研究的基础之上提出了 RESTART 方法。

RESTART 方法成功地应用于解决通信网络中的稀有事件问题。仿真中可以定义一个或者多个临界点，当仿真运行到临界点时，自动保存当前状态，并从该点开始进行重复仿真，这种方法的主要参数是临界点的数量和位置。维伦、马丁内兹（Villen、Martinez）等分析了如何选取临界点和在每个临界点上分解路径的数量，指出需要预先确定一个与临界点的选择相关的系统参数。尽管在一个相对简单的问题中，可以主观选择临界点的位置，但是通过适当的选择可以控制分层位置的系统参数仍然是一个很有意义的问题。适当选择临界点的位置和在每个临界点上的仿真重复参数，可以获得满意的仿真结果。窦海勇用移动网格方法控制网格点的切向运动，在弦方法的基础上提出了自适应弦方法。通过在移动网格方法中选择合适的控制函数，可使网格点密度在这些点附近比较大，从而能够准确地确定最小能量路径上临界点的位置和其上的能量值。将所提出的方法应用到双井势系统和穆勒（Mueller）势问题中，结果表明该方法是一种可靠的研究复杂系统中稀有事件的数值方法。

凯琳（Kelling）提出了临界点选择和在仿真运行过程中能自动应用的优化方法。杨亚立和韩卫占用分层抽样方法讨论了通信网络中评估信元丢失率的问题，对 M/M/1/K 系统进行试验，结果表明该项技术在评估仿真结果时有明显的优越性和应用前景。

RESTART 方法可以应用在各种情况下的瞬态和稳态仿真模型，和其他方法相比较，在建模过程中有更广泛的灵活性。梅尔尼克、德赫塔鲁克（Melnik、Dekhtyaruk）将改进的蒙特卡罗仿真技巧（MCS），即（russian roulette and splitting，RR & S）应用在随机激发下的机械系统的可靠性评估中，描述了算法的基本特征并且解决了小概率情况下的首次到达问题，并将结果与另一种方差衰减技术进行了比较。马俊海、张维将重要性抽样技术处理特殊衍生证券定价问题的能力与控制变量技术、分层抽样技术简单灵活、易于应用的特点有机地结合起来，把分层抽样技术和控制变量技术引入重要性抽样模拟估计的分析框架，提出更为有效的关于期权定价蒙特卡罗模拟的综合性方差减少技术，并以基于算术型亚式期权定价为例，进行了实证模拟分析。

RESTART 方法仅需要定义临界点的位置及在每个临界点上分解路径的数量，但是格拉斯曼（Glasserman）等指出，最优的分层参数与要仿真的系统的大偏差行为相关，与系统的大偏差行为不相容将会以较高的概率导致仿真时间以数量级的形式增长。这需要研究人员对要估计的稀有事件的大偏差行为有一定的了解，但实际中往往是不可行的，这阻碍了其在稀有事件仿真中的广泛应用。

综上所述，目前稀有事件的仿真方法虽然已经有了较为显著的研究成果，但是也仅限于如上所提到的几类，而且还各有不足之处。因此，研究并寻求一种良好的稀有事件仿真技术，可以为评估稀有事件发生的可能性提供重要的技术支持，具有重要的理论研究意义。

1.4 商业银行信用风险评估研究现状

在《新巴塞尔协议》中，商业银行的主要风险被定义为信用风险、操作风险以及市场风险。其中，信用风险是商业银行在其业务中所面临的最主要和最复杂的风险。它被定义为债务人或金融工具的发行者不能根据信贷协定的约定条款支付利息或本金的可能性。换句话说，信用风险是由于借款人违约或其信用质量发生变化而可能给银行带来的损失。信用风险意味着偿付会延迟或者根本不能履行，这反过来会导致现金流问题并影响银行的流动性，尽管在金融服务领域已经有一些创新技术可以防止此类现象发生，但是信用风险仍然是引起银行破产的主要原因。对银行来说，资产负债表中80%的内容和信用风险有关。三种主要的信用风险类型如下：个人或消费者风险、企业或公司风险、主权或国家风险。

20世纪80年代初，《巴塞尔协议》诞生的直接原因就是银行业普遍受到债务危机影响，人们开始注重对信用风险的防范与管理。最近几年一些国外大银行为了完善信用风险管理系统，开始关注信用风险测量方面的问题，试图建立测量信用风险的内部方法与模型。例如，KMV模型，模根的Credit Metrics，Credit Suisse Financial Products（CSFP）的Credit Risk + 和Credit PortfolioView信用风险管理系统。2006年年底实施于部分成员国的《新巴塞尔协议》在很大程度上更加注重信用风险的管理，对商业银行信用风险的评估与控制提出了更高、更严格的要求，但是国外这些新兴的模型并不适合我国信用风险计量。首先，我国各商业银行缺乏数据，没有经过国外几个先进的评级公司评级，也没有形成完善的内部评级模型，无法提供像JPM模型所需要的输入参数：转移概率矩阵。其次，我国的现实状况

是信息不对称、信用制度不完善的，以及其他一些原因，致使我国目前还不具备使用国际上先进风险计量模型的条件。因此，立足于我国商业银行以及其他金融记过自身的特点批判继承国际先进信用风险计量模型，建立一个较适合我国商业银行的信用风险计量模型无论在理论上还是实际应用中都是很有意义的工作。

2

基于极小化方差技术的
重要抽样方法

传统的蒙特卡罗方法仿真稀有事件时，计算结果相对精确，也可以将其运用于极限状态方程比较复杂的情形，其应用较为广泛。但是蒙特卡罗方法要想保证足够的精度，就需要大量的抽样，这在很多情形下变得不可行。于是人们提出许多降低方差的技巧，如重要抽样法、相关抽样法、分层抽样法等，其中被认为最有效的是重要抽样法。重要抽样法是一种在保证计算精度的情形下能够提高抽样效率的有效方法。

　　在稀有事件仿真中应用重要抽样法，主要是希望得到渐进最优或者有界相对误差的重要抽样分布估计量。各种重要抽样法的基本思想都是用一个重要抽样函数代替原变量的初始密度函数来进行抽样，从而使抽样点具有更大的概率落在稀有事件概率范围内，以提高抽样效率，但是最优重要抽样分布函数依赖于待估计量，实际中往往是得不到的，因此，各种重要抽样方法都只能近似地选取重要抽样函数。

　　最优重要抽样分布估计量的有效性完全依赖于最优重要抽样分布函数的选择，因此经常会考虑在一个重要抽样分布类中选取重要抽样分布函数，通过计算这个估计量的方差来评价它的有效性。经研究表明，在减小方差的基础上采用极小化方差的方法是可以得到渐进最优解的。这类重要抽样方法实际上是求在稀有事件发生的条件下极小化似然比函数的期望，而极小化交叉熵的方法则是求在稀有事件发生的条件下极小化似然比函数的对数值。这两类方法在本质上有些类似，不过在减小方差的基础上，后者并不能保证得到渐进最优解，但它的适用性比前者要强得多。

　　阿恰尔、桑迪普、阿萨夫（Achal、Sandeep、Assaf）利用极小化方差的方法证明，当估计具有重尾分布的随机游走在到达 0 状态前超过"高"起点这类事件的概率时，不存在渐进最优且状态独立的尺度变换。长河、马雷克（Changhe、Marek）讨论了在贝叶斯网络中应用重要抽样算法的步骤。

　　重要抽样法作为降低方差的一种可行性较强的方法，在使用蒙特卡罗方法解决工程结构的可靠性的问题时被广泛使用。杨利敏利用重要抽样法的特点，将其应用到超大型 FPSO 船体总纵强度可靠性计算中。在正态分布的函数类中通过极小化方差的方法找到新的抽样密度函数，比较计算结果发现，该方法在处理强非线性、高维性问题中有明显的优越性。最后，通过分析理论计算结果，并结合中国船级社的审图计算说明书，为 FPSO 船体总纵强度的安全衡量指标提供了理论计算依据。

杨非和马俊海针对可转换债券隐含期权具有的强路径依赖结构和它所承受的多种风险，应用最小方差蒙特卡罗方法讨论其定价问题。文中首先分析和评述了拉斯姆森（Rasmussen）等针对美式期权 LSM 定价方法的改进，尝试对可转换债券 LSM 定价方法进行改良。实证结论显示，将拉斯姆森式控制变量结合到可转换债券的 LSM 定价方法中，改变模拟路径以改良美式衍生品的模拟效率，可以有效地减少其模拟方差。

 在不同探测环境下确定探测概率时，首先需要根据给定的虚警率来确定相应的探测概率门限因子。高宏建和宋笔锋针对常规的蒙特卡罗方法在模拟虚警概率这类小概率事件时耗时长、精度差的问题，应用基于极小化方差的重要抽样法来解决，结果表明此方法高效可靠。

 在用极小化方差的方法估计稀有事件概率时，最关键的一步是构造重要抽样分布函数类。指数变换（exponential change of measure，ECM）是应用较为广泛的一种尺度变换方法。在仿真实验中，常用指数扭转（exponentially twisted）密度函数 $f_\theta(x) = c\exp(\theta x)f(x)$ 来代替初始密度函数 $f(x)$，θ 是扭转参数，c 是标准化常数。通过指数变换经常会得到"最优"的重要抽样估计，且指数扭转分布是唯一的渐进最优抽样分布，即使在最优扭转参数不能精确求解的情况下，应用指数变换的改进蒙特卡罗仿真方法也是稳定的。本节基于极小化方差的重要抽样算法思想描述如下：首先采用指数变换构造重要抽样分布函数类，其次通过极小化方差来寻找指数扭转参数 θ，进而得到最优重要抽样分布函数，从而得到稀有事件的概率估计。

2.1 稀有事件仿真问题的基本概念

2.1.1 稀有事件

 假定 X 是具有密度函数 $f(x;u)$ 的随机变量，s 是一个实值函数，要估计事件 $\{s(X) \geqslant r\}$ 的概率，即需要估计的量是 $l = P\{s(X) \geqslant r\}$，如果 $l = P\{s(X) \geqslant r\}$ 很小，例如 $l < 10^{-5}$，就称 $\{s(X) \geqslant r\}$ 是一个稀有事件。

2.1.2 指示函数

 $I_{\{s(x) \geqslant r\}}$ 是指示函数，要满足：

$$I_{\{s(x) \geq r\}} = \begin{cases} 1, & s(x) \geq r \\ 0, & s(x) < r \end{cases} \qquad (2.1)$$

2.1.3 传统的蒙特卡罗仿真方法

传统的蒙特卡罗仿真方法是根据密度函数 $f(x;u)$，随机产生 N 个独立同分布的样本 $X_1 \cdots, X_N$，若样本数足够大，则可以用：

$$\hat{l} = \frac{1}{N} \sum_{i=1}^{N} I_{\{s(X_i) \geq r\}} \qquad (2.2)$$

作为 l 的无偏估计量。其中 $I_{\{s(x) \geq r\}}$ 是指示函数。

但是，当 $\{s(X) \geq r\}$ 是一个稀有事件时，式（2.2）右端的指示函数 $I_{\{s(x) \geq r\}}$ 大部分为零。为了精确估计稀有事件概率 l，需要的仿真次数就会相当多。

2.1.4 重要抽样分布函数

重要抽样是用一个新的概率密度函数 $g(x)$ 代替 $f(x;u)$，并满足：

$$\begin{aligned} l &= \int I_{\{s(x)\}} f(x;u)\,\mathrm{d}x \\ &= \int_{\{s(x) \geq r\}} f(x;u)\,\mathrm{d}x \\ &= \int_{\{s(x) \geq r\}} L(x)g(x)\,\mathrm{d}x \end{aligned} \qquad (2.3)$$

其中，$L(x)$ 为一个加权函数，$L(x) = \dfrac{f(x;u)}{g(x)}$ 称为似然比函数（likelihood ratio，LR）。这里 $g(x)$ 可以是满足上式的任意概率密度函数，称为重要抽样分布函数。

2.1.5 重要抽样估计量

在估计稀有事件概率时，首先根据密度函数 $g(x)$ 随机产生 R 个独立同分布的样本 $X_1 \cdots, X_R$，然后利用（2.3）式得出 l 的重要抽样估计量，如式（2.4）所示。

$$\hat{l}_{\mathrm{IS}} = \frac{1}{R} \sum_{i=1}^{R} I_{\{s(X_i) \geq r\}} L(X_i) \qquad (2.4)$$

由以上过程可以看出，比较对 $f(x;u)$ 分布的随机变量采用蒙特卡罗抽样得到的稀有事件发生概率估计 $\hat{l}$，与对 $g(x)$ 分布的随机变量采用重要抽样得到的稀有事件发生概率估计 $\hat{l}_{IS}$，二者的数学期望相同，均为 l 的无偏估计，但是它们的方差不同，所以选择 $g(x)$ 时要极为谨慎。重要抽样密度函数 $g(x)$ 选择是否恰当是重要抽样仿真是否成功的关键。如果选择了合适的 $g(x)$，则只需很少的样本数便可得到 l 的一个可靠估计，否则重要抽样过程的效率可能很差。

2.1.6 最优重要抽样分布函数

式（2.4）中 $\hat{l}_{IS}$ 的方差可由下式估算：

$$\mathrm{VaR}[\hat{l}_{IS}] = \frac{1}{R}\mathrm{VaR}_{g(x)}[I_{\{s(X)\geqslant r\}}L(X)] \tag{2.5}$$

式中，VaR 表示方差算子，下标 $g(x)$ 表示随机变量 X 的密度函数。

不难看出，如果将重要抽样密度函数选为：

$$g(x) = g_{opt}(x) = I_{\{s(x)\geqslant r\}}\frac{f(x;u)}{l} \tag{2.6}$$

则 $\hat{l}_{IS}(x)$ 的方差为零，与仿真的次数无关，称 $g_{opt}(x)$ 为最优重要抽样分布函数。但由于 l 是一个未知量，想得到最优的重要抽样密度函数是不可能的。

2.2 采用指数变换构造重要抽样分布类

2.2.1 算法设计

本书在估计稀有事件概率时，首先应用指数变换构造重要抽样分布函数类，令 f_θ 表示分布类，即 $f_\theta(x) = c\cdot\exp(\theta x)f(x)$，其中 θ 是扭转参数，c 是标准化常数。那么 l 的重要抽样估计量，如式（2.7）所示。

$$\hat{l}_{IS} = \frac{1}{R}\sum_{i=1}^{R}I_{\{s(X_i)\geqslant r\}}L_\theta(X_i) \tag{2.7}$$

式中，$L_\theta(x) = \dfrac{f(x)}{f_\theta(x)}$ 为似然比函数。

那么从分布类 f_θ 中通过极小化方差来选取最优重要抽样分布函数可以表示为：

$$\min_\theta \quad \mathrm{VaR}_{f_\theta(x)}[I_{\{s(X)\geqslant r\}}L_\theta(X)] \tag{2.8}$$

又因为：

$$VaR_{f_{\theta}(x)}\left[I_{\{s(X)\geqslant r\}}L_{\theta}(X)\right]$$

$$= E_{f_{\theta}}\left[I_{\{s(X)\geqslant r\}}L_{\theta}^{2}(X)\right] - \left(E_{f_{\theta}}\left[I_{\{s(X)\geqslant r\}}L_{\theta}(X)\right]\right)^{2} \tag{2.9}$$

$$= E_{f_{\theta}}\left[I_{\{s(X)\geqslant r\}}L_{\theta}^{2}(X)\right] - l^{2}$$

同时，对于式（2.9）而言，待估计量 l 是一个常量，所以极小化方差问题，即式（2.8）就等价于：

$$\min_{\theta}\quad E_{f_{\theta}}\left[I_{\{s(X)\geqslant r\}}L_{\theta}^{2}(X)\right] \tag{2.10}$$

2.2.2　算法流程描述

综上，本节所建立的基于极小化方差技术的重要抽样算法过程如下：

步骤1：赋初值 θ_0；

步骤2：从重要抽样密度函数中生成样本 $X_1^0\cdots,X_N^0$，求解问题（2.10）得到新解 θ_1；

步骤3：从更新后的重要抽样密度函数中生成新的样本 $X_1^i\cdots,X_N^i$，求解问题（2.10）；

步骤4：当 $\|\theta_i-\theta_{i-1}\|<\varepsilon$ 时，结束循环，求出问题的解 θ^*，否则，转到步骤3。

步骤5：利用式（2.4）计算稀有事件概率。

算法流程如图2.1所示。

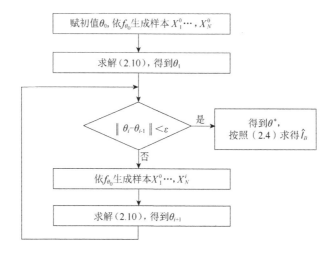

图2.1　基于极小化方差的重要抽样算法流程图

在以上算法过程中，采用了 Armijo – type 步长选取规则。此外，合理选择初始值是算法中的一个关键问题。首先对系统进行预抽样，产生 M 个稀有事件样本；然后根据这些样本来估计初始值，使其不会偏离真实值太远，并执行随后的仿真过程。虽然初始值可以通过标准蒙特卡罗仿真得到，但是这需要大量的抽样，可以采用一种递归的条件众数估计算法来估计初始值。

2.2.3 仿真示例

下面以项目管理中的一类稀有事件为例来说明本书算法的有效性。在某项工程中，关键路线上共有 14 个关键活动。令 X^i 表示每一个活动的工时，$X = (X^1 \cdots, X^{14})$，$s(X)$ 表示这项工程的总工期，所以 $s(X)$ 是 14 个变量的和，$s(X) = \sum_{i=1}^{14} X^i$。

本节所考虑的问题是总工期大于一个给定时间 r 的事件 $s(X) > r$ 的概率，即需要估计：

$$l = P(s(X) > r) = P\left(\sum_{i=1}^{14} X^i > r\right) = EI_{\{\sum_{i=1}^{14} Xi > r\}}$$

当 $r > r^*$ 时，$s(X) > r$ 是一个稀有事件，此处 $r^* = \arg P(s(X) > r) = 10^{-5}$。在不影响算法有效性的前提下，考虑每项活动的工时都服从均值为 $\mu = 25$ 的指数分布的情况。则 X 具有密度函数：

$$f(x) = \exp\left(-\sum_{j=1}^{14} \frac{x_j}{25}\right) \prod_{j=1}^{14} \frac{1}{25} \tag{2.11}$$

要估计的重要抽样估计量为：

$$\hat{l}_{IS} = \frac{1}{N} \sum_{i=1}^{N} I_{\{s(X_i) \geq r\}} L_{\theta^*}(X_i) \tag{2.12}$$

式中，N 为样本总数，$X_i = (X_i^1 \cdots, X_i^{14})$，$L_\theta(x) = \dfrac{f(x)}{c \cdot \exp(\theta x) f(x)} = \dfrac{1}{\prod_{j=1}^{14} c_j \exp\left(\sum_{i=1}^{14} \theta_i x_i\right)}$。

通过求解极小化问题（2.10）求得 θ^*，即：

$$\min_\theta \ E_{f_\theta}\left[I_{\{s(X) \geq r\}} L_\theta^2(X)\right]$$

得到最优扭转参数 θ^*，从而得出重要抽样估计量，求出事件 $s(X) > r$ 的概率。

本节对给定的三个 r 值 1 000、1 250 和 2 500 进行仿真，表 2.1 显示了仿真结果。表中 MC 表示蒙特卡罗方法，VM 表示极小化方差方法，$\hat{l}$ 是 l 的估计量，N 是仿真次数，90% H. W. 表示 90% 置信区间半长。使用极小化方差技术的重要抽样方法估计 $l = P(s(X) > r)$，首先要通过预抽样得到初始值，然后通过迭代算法得到最终的重要抽样分布函数，进而估计稀有事件的概率。本节同时用标准的蒙特卡罗仿真方法来估计 $l = P(s(X) > r)$，结果列于表 2.1。由于仿真试验具有随机性，对每种情况独立做了 100 次仿真试验，表中数据均取自 100 次独立试验的平均值。

由表 2.1 的对比数据不难看出，当 $r = 1\,000$ 时，传统的蒙特卡罗仿真算法需要进行 200 000 次仿真实验才可以得到置信区间半长为 $4.460\,6 \times 10^{-9}$ 的估计量；而基于极小化方差技术的重要抽样方法在进行 1 000 次仿真实验后就可以得到置信区间半长为 $3.390\,5 \times 10^{-9}$ 的估计量，显然后者的仿真结果更可靠。当 $r = 1\,250$ 和 $r = 2\,500$ 时，传统的蒙特卡罗仿真算法在分别进行 5 000 000 次仿真实验后，均仿真不到稀有事件。而本书提出的基于极小化方差技术的重要抽样方法在分别进行 2 000 次和 500 000 次仿真实验后，得到了令人满意的结果。

表 2.1　基于 MC 方法与基于 VM 的重要抽样方法仿真结果比较

r	方法	$\hat{l}$	90% H. W.	N
1 000	MC	5.219×10^{-7}	$4.460\,6 \times 10^{-9}$	200 000
	VM	6.153×10^{-7}	$3.390\,5 \times 10^{-9}$	1 000
1 250	MC	—	—	5 000 000
	VM	4.984×10^{-10}	$7.349\,4 \times 10^{-12}$	2 000
2 500	MC	—	—	5 000 000
	VM	2.185×10^{-32}	$8.700\,0 \times 10^{-35}$	500 000

注：表中的"—"表示经过了 5 000 000 次抽样后，稀有事件没有发生，以至于无法建立有效的区间估计。

以上分析显示出本书算法与传统的蒙特卡罗仿真算法相比，无论是仿真效率还是结果的精度都有明显提高。很显然，对于小概率事件传统的蒙特卡罗仿真方法无能为力，但是本书算法仍然可以在较少的仿真次数下得到理想的结果。

2.3 本章小结

本章提出了一种新的基于极小化方差技术的重要抽样方法。该方法利用极小化方差的思想，构造了一种重要抽样算法。该算法首先选取经典的指数变换方法来构造重要抽样分布类，然后通过对重要抽样估计量方差的极小化方法来寻找最优重要抽样分布函数，再根据最优重要抽样分布函数生成样本，最终得到稀有事件概率的估计量。仿真结果显示了算法在估计稀有事件概率方面的有效性。理论方面如初值的选取和如何在仿真中应用方差衰减技术都需要进行更深入的研究。在方法的改进上，可以考虑和其他的方差衰减技术相结合，以期构成更加有效的稀有事件仿真方法。

3

基于交叉熵的重要抽样方法

3.1 交叉熵方法的起源与发展

交叉熵方法是由鲁宾斯坦（Rubinstein）在 1997 年估计复杂随机网络中的稀有事件概率时提出的一种自适应算法，这种方法隐含了方差衰减技术。随后，鲁宾斯坦在 1999 年和 2001 年提到在原有的交叉熵方法上做个简单的改进就能够很好地解决组合优化问题（combinatorial optimization problems，COP）。通过将"确定性的"优化问题转变为与之相关的"随机"优化问题，然后使用稀有事件仿真的技巧来实现。近期学者的一些研究也证明了交叉熵方法作为解决 NP 难题的一般性和具有实际意义工具的有效性。交叉熵方法是研究稀有事件仿真问题的一种应用较为广泛的工具，它不仅是解决稀有事件仿真的有效方法，而且也是求解组合优化问题的一种有效办法。

鲁宾斯坦在 2005 年提出极小化交叉熵（minimum cross – entropy，MCE）方法，极小化交叉熵方法实际上是标准交叉熵方法的一种变形形式。极小化交叉熵方法最后的求解问题可以归结为 Kull – back 的经典 MinxEnt 方法的自适应随机版本。其总结了极小化交叉熵方法与交叉熵方法的相同与不同之处，最后例证了极小化交叉熵方法比交叉熵方法的计算结果更精确，但是它的收敛速度比交叉熵方法略慢，同时也将极小化交叉熵方法推广应用到组合优化问题。

交叉熵方法的优点在于它是一种估计最优重要抽样分布函数的简单的自适应算法，而且交叉熵方法具有渐进收敛性。霍门（Homem）和鲁宾斯坦研究了静态仿真模型，建立了基于交叉熵的两步自适应迭代方法：第一步使用基于交叉熵的重要抽样方法估计最优重要抽样分布函数的参数向量；第二步用似然比方法来估计稀有事件概率。文中证明了在有限步迭代后算法能以概率 1 结束循环，并给出最优重要抽样分布函数中扭转参数的一致渐进估计量。

安德烈、欧文、德克（Andre、Owen、Dirk）讨论了交叉熵方法对于离散优化问题的收敛性结果，指出对于一般性的问题，交叉熵方法都几乎会以概率 1 收敛于最优解，在某些特殊的假设条件下，交叉熵方法会以概率 1 收敛于最优解。

鲁宾斯坦和德克提出交叉熵方法除了能够解决稀有事件仿真和组合最优化问题之外，还可以将其应用于连续多极值的优化问题。

德克和鲁宾斯坦提出了用于估计具有重尾分布的稀有事件概率的似然比变换（transform likelihood ratio，TLR）方法。经过简单的变换（变量变换），TLR 方法将最初的估计具有重尾分布的稀有事件的概率转变为估计等价的轻尾分布的稀有事件的概率。经过这样的变换之后，就可以通过重要抽样来估计稀有事件的概率，应用经典的指数变换（exponential change of measure）方法或者标准似然比（the standard likelihood ratio）变换技巧达到目的，并使用交叉熵（cross‐entropy）方法来估计重要抽样分布函数中的最优参数向量。波尔、德克和鲁宾斯坦分别得出在动态模型中的稀有事件概率估计时，尤其是在包含轻尾和重尾分布的排队模型中，交叉熵方法仍然有效。

3.2 基本概念

3.2.1 熵（entropy）

"熵"（entropy）是德国物理学家克劳修斯（Rudolf Clausius）在 1850 年创造的一个术语，用于表示任何一种能量在空间中分布的均匀程度。能量分布得越均匀，熵就越大。如果对于所考虑的系统来说，能量完全均匀地分布，那么，这个系统的熵就达到最大值。

3.1.1.1 熵的定义

设 X 是取有限个值的随机变量，它的概率分布为：

$$p(x) = P\{X = x\}，且 x \in \chi \tag{3.1}$$

则，X 的熵定义为：

$$H(X) = -\sum_{x \in \chi} p(x) \log_a p(x) \tag{3.2}$$

通常 $a = 2$，此时熵的单位为比特。

3.1.1.2 熵的基本性质

（1）$H(X) \geqslant 0$，等号表明确定场（无随机性）的熵最小。

（2）$H(X) \leqslant \log|X|$，等号表明等概场的熵最大。

3.2.2 信息熵

信息熵也称为香农熵，是信息的度量单位。信息论的创始人香农（Shannon）在其1948年发表的著作《通信的数学理论》中提出建立在概率统计模型上的信息度量。他把信息定义为"用来消除不确定性的东西"。

香农公式：

$$H(X) = - \sum_i p(a_i) \log_2 p(a_i) \tag{3.3}$$

它代表了信源输出后每个消息所提供的平均信息量，或信源输出前的平均不确定度。a_i 为信源可能取的消息（符号），$p(a_i)$ 为选择信源符号 a_i 作为消息的先验概率。

在信息论中，熵可用作某事件不确定度的量度。信息量越大，体系结构越规则，功能越完善，熵就越小。利用熵的概念，可以从理论上研究信息的计量、传递、变换、存储。此外，熵在控制论、概率论、数论、天体物理、生命科学等领域也都有一定的应用。

3.2.3 交叉熵

设 $p(x)$、$q(x)$ 是随机变量 X 的两个不同的分布密度，则它们的交叉熵定义为：

$$H(p,q) = \sum_{x \in \chi} p(x) \log \frac{p(x)}{q(x)} \tag{3.4}$$

交叉熵（cross-entropy）一般也称为 Kullback-Leibler 距离，常用来度量同一个随机变量的不同分布之间的差异，也即两个密度函数 $p(x)$ 与 $q(x)$ 间的距离，其连续形式定义如下：

$$H(p,q) = E_p \ln \frac{p(x)}{q(x)} = \int p(x) \ln p(x) \, dx - \int p(x) \ln q(x) \, dx \tag{3.5}$$

当 $q(x) = p(x)$ 时，$H(p,q)$ 取最小值，即为 $p(x)$ 的熵 $H(p)$，即得 $H(p,q) \geq H(p)$。常用交叉熵表示被评估分布与真实分布之间的相似程度，交叉熵的值越小，两个分布函数越相似。

交叉熵与条件熵之间满足如下等式：$H(p,q) = H(p) + H(p|q)$。

在信息论中，交叉熵描述了因为错用分布密度而增加的信息量。

3.2.4　马尔可夫链

如果随机序列 $\{X_n, n \geq 0\}$ 对任意 $i_0, i_1 \cdots i_n, i_{n+1} \in S$，$n \in N_0$ 及 $P\{X_0 = i_0, X_1 = i_1 \cdots, X_n = i_n\} > 0$，有：

$$P\{X_{n+1} = i_{n+1} \mid X_0 = i_0, X_1 = i_1, \cdots, X_n = i_n\} = P\{X_{n+1} = i_{n+1} \mid X_n = i_n\} \quad (3.6)$$

则称其为马尔可夫链。

公式（3.6）中 $S = \{1, 2 \cdots\}$ 表示状态空间，$N_0 = \{0, 1, 2 \cdots\}$ 为离散参数。

公式（3.6）刻画了马尔可夫链的特性，称为马尔可夫性（或无后效性），简称马氏性。

3.2.5　转移概率矩阵

$\forall i, j \in S$，称 $P\{X_{n+1} = j \mid X_n = i\} \triangle P_{ij}(n)$ 为 n 时刻的一步转移概率。若对 $\forall i, j \in S$，$p_{ij}(n) \equiv p_{ij}$，即 p_{ij} 与 n 无关，则称 $\{X_n, n \geq 0\}$ 为齐次马尔可夫链。记 $P = (p_{ij})$，称 P 为 $\{X_n, n \geq 0\}$ 的一步转移概率矩阵，简称为转移矩阵。

3.3　基本原理

3.3.1　稀有事件仿真中的交叉熵方法

在实际中得不到最优重要抽样分布函数，所以采取在分布族 $\{f(\,\cdot\,;v)\}$ 中通过确定参数向量 v 选取一个密度函数的办法，使 $g_{opt}(x)$ 与 $f(\,\cdot\,;v)$ 的距离最近。而交叉熵的大小能够表示被评估分布与真实分布之间的相似程度，所以极小化 $g_{opt}(x)$ 与 $f(\,\cdot\,;v)$ 之间的距离就等价于极小化 $g_{opt}(x)$ 与 $f(\,\cdot\,;v)$ 的交叉熵，即：

$$
\begin{aligned}
&\min \quad H(g_{opt}(x), f(\,\cdot\,;v)) \\
&= \min \quad [\int g_{opt}(x) \ln g_{opt}(x) \mathrm{d}x - \int g_{opt}(x) \ln f(\,\cdot\,;v) \mathrm{d}x] \\
&= \min \quad [-\int g_{opt}(x) \ln f(\,\cdot\,;v) \mathrm{d}x]
\end{aligned}
\quad (3.7)
$$

参数 v 可以通过使 $-\int g_{opt}(x) \ln f(x;v) \mathrm{d}x$ 最小来确定，进而又等价于求解下面的极大化问题：

$$\max_v \quad \int g_{opt}(x) \ln f(x;v) \mathrm{d}x \quad (3.8)$$

将式（2.6）中 $g_{opt}(x)$ 的表达式代入式（3.8），得到下面的极大化问题：

$$\max_v \int \frac{I_{\{s(x) \geqslant r\}} f(x;u)}{l} \ln f(x;v) \mathrm{d}x \tag{3.9}$$

因为 l 相对于极大化问题（3.9）来说是一个常数，所以上式对应的估计为：

$$\max_v \quad D(v) = \max_v \quad \mathrm{E}_u I_{\{s(X) \geqslant r\}} \ln f(X;v) \tag{3.10}$$

公式（3.10）中 E_u 表示对函数 $I_{\{s(x) \geqslant r\}} \ln f(x;v)$ 取期望时，随机变量 X 具有密度函数 $f(x;u)$。事件 $\{s(X) \geqslant r\}$ 的概率不太小的时候极大化问题（3.10）才有意义，而 $f(x;u)$ 为初始密度函数，$\{s(X_i) \geqslant r\}$ 是稀有事件，所以指示函数 $I_{\{s(X_i) \geqslant r\}}$，$i = 1 \cdots, N$ 大部分为零，故再运用一次重要抽样技巧，得到：

$$\max_v \quad D(v) = \max_v \quad \mathrm{E}_w I_{\{s(X) \geqslant r\}} W(X;u,w) \ln f(X;v) \tag{3.11}$$

其中，$W(x;u,w) = \dfrac{f(x;u)}{f(x;w)}$ 是似然比函数。式（3.11）的最优解可以写为：

$$v^* = \arg \max_v \quad \mathrm{E}_w I_{\{s(X) \geqslant r\}} W(X;u,w) \ln f(X;v) \tag{3.12}$$

可以通过求解下面的随机规划问题，来估计式（3.11）的解：

$$\max_v \quad \hat{D}(v) = \max_v \quad \frac{1}{N} \sum_{i=1}^{N} I_{\{s(X_i) \geqslant r\}} W(X_i;u,w) \ln f(X_i;v) \tag{3.13}$$

其中，$X_1 \cdots, X_N$ 是根据密度函数 $f(x;w)$ 随机产生的 N 个独立同分布的样本。当式（3.13）中的函数是凸函数且可微时，对它关于 v 求梯度，得到：

$$\frac{1}{N} \sum_{i=1}^{N} I_{\{s(X_i) \geqslant r\}} W(X_i;u,w) \nabla \ln f(X_i;v) = 0 \tag{3.14}$$

交叉熵方法的优势就在于问题（3.13）通常存在解析解。例如，当随机变量的密度函数为指数分布，即：

$$f(x,u) = \frac{1}{u} \exp(-\frac{1}{u}) \tag{3.15}$$

将式（3.15）代入式（3.14）得：

$$\sum_{i=1}^{N} I_{\{s(X_i) \geqslant r\}} W(X_i;u,w) (\frac{X_i}{v^2} - \frac{1}{v}) = 0 \tag{3.16}$$

进而可得到如下所示的解析解：

$$v = \frac{\sum\limits_{i=1}^{N} I_{\{s(X_i) \geqslant r\}} W(X_i;u,w) X_i}{\sum\limits_{i=1}^{N} I_{\{s(X_i) \geqslant r\}} W(X_i;u,w)} \tag{3.17}$$

3.3.2 稀有事件仿真中的极小化交叉熵方法

在 3.3.1 中，交叉熵方法在应用 Kullback – Leibler 时有：$H(p,q) = \mathrm{E}_p\ln$ $\dfrac{p(x)}{q(x)} = \int p(x)\ln p(x)\mathrm{d}x - \int p(x)\ln q(x)\mathrm{d}x$。

假设 $p(x)$ 为最优重要抽样密度函数 $g_{opt}(x)$ 和 $q(x) = f(x;v)$，从而得到：

$$\min \quad H(g_{opt}, f(\cdot;v)) = \min \quad (-\int g_{opt}\ln f(\cdot;v)\mathrm{d}x) \tag{3.18}$$

极小化交叉熵方法是交换交叉熵方法中的假设条件，即假设 $q(x)$ 为最优重要抽样密度函数 $g_{opt}(x)$ 和 $p(x) = f(x;v)$，所以可以得到：

$$H(f(\cdot;v), g_{opt}(x)) = \int f(\cdot;v)\ln f(\cdot;v)\mathrm{d}x - \int f(\cdot;v)\ln g_{opt}(x)\mathrm{d}x \tag{3.19}$$

极小化 $g_{opt}(x)$ 与 $f(\cdot;v)$ 之间的距离就等价于极小化 $g_{opt}(x)$ 与 $f(\cdot;v)$ 的交叉熵，即：

$$\min \quad [H(f(\cdot;v), g_{opt}(x))] \tag{3.20}$$
$$= \min \quad [\int f(\cdot;v)\ln f(\cdot;v)\mathrm{d}x - \int f(\cdot;v)\ln g_{opt}(x)\mathrm{d}x]$$

将式（2.6）中 $g_{opt}(x)$ 的表达式代入式（3.20），得到下面的极小化问题：

$$\min_v \quad \left[\int f(\cdot;v)\ln f(\cdot;v)\mathrm{d}x - \int f(\cdot;v)\ln\frac{I_{\{s(x)\geqslant r\}}f(x;u)}{l}\mathrm{d}x\right] \tag{3.21}$$

与 3.3.1 节处理方法类似，因为 l 相对于极小化问题（3.21）来说是一个常数，所以上式对应的估计为：

$$\max_v \quad [\int f(x;v)\ln f(x;v)\mathrm{d}x - \int f(x;v)\ln I_{\{s(x)\geqslant r\}}f(x;u)\mathrm{d}x] \tag{3.22}$$

式（3.22）可以改写为：

$$\max_v \quad H(f(x;v)) = \max_v \quad [\mathrm{E}_v\ln f(X;v) - \mathrm{E}_v\ln\{I_{\{s(X)\geqslant r\}}f(X;u)\}] \tag{3.23}$$

卡普尔、凯萨万（Kapur、Keasavan）在 1992 年提出的 MinxEnt 规划为：

$$\min_{f(x)} \quad \left\{D(f\mid h) = \int\ln\frac{f(x)}{h(x)}f(x)\mathrm{d}x = \mathrm{E}_f\ln\frac{f(X)}{h(X)}\right\}$$
$$\text{s.t.} \quad \int s_j(x)f(x)\mathrm{d}x = \mathrm{E}_f s_j(X) = r_j, \quad j = 1\cdots, k \tag{3.24}$$
$$\int f(x)\mathrm{d}x = 1, \quad \int h(x)\mathrm{d}x = 1$$

规划（3.24）中 $f(x)$ 和 $h(x)$ 是 n 维联合密度函数或是 n 维累积密度函数，$s_j(x)$，$j = 1\cdots, k$ 是预先定义的函数，x 表示 n 维向量。假设 $h(x)$ 是已知的，称为先验概率密度函数。

在 MinxEnt 规划中先验概率密度函数 $h(x)$ 是已知的，当 $h(x)$ 是未知时，假设其为离散的或者是连续的均匀密度函数，因此：

$$\min_{f(x)} \left\{ D(f \mid h) = \int \ln \frac{f(x)}{h(x)} f(x) \mathrm{d}x = \mathrm{E}_f \ln \frac{f(X)}{h(X)} \right\} \tag{3.25}$$

可简化为：

$$\max_{f(x)} \left\{ H(f) = -\int f(x) \ln f(x) \mathrm{d}x = -\mathrm{E}_f \ln f(X) \right\} \tag{3.26}$$

MinxEnt 规划（3.24）称为 Kullback MinxEnt 规划，式（3.25）简化为式（3.26），即称其为 Janes MaxEnt 规划。事实上，Kullback MinxEnt 规划是极小化 Kullback – Leibler 交叉熵，Janes MaxEnt 规划是极大化香农熵。

据香农熵的含义，香农熵是用来表示某事件不确定度的量度，那么 MaxEnt 规划中则是在约束于已知信息的情况下极大化未知信息的不确定性。MinxEnt 规划是测量两个分布函数之间的距离，目标是在所有满足约束条件的分布函数中找到一个最接近于 $h(X)$ 的分布函数。除了这些不同点之外，MaxEnt 规划与 MinxEnt 规划在本质上十分相似。因为均匀分布是不确定性分布最极端的形式，如果假设先验概率密度函数 $h(X)$ 是不确定的分布，那么可以假设 $h(X)$ 是均匀分布的密度函数。进而 MinxEnt 规划中在某些约束条件下极小化寻找最接近于 $h(x)$ 的 $f(x)$ 就等价于 MaxEnt 规划中在同样的约束条件下极大化 $f(x)$ 的不确定性测度。

首先讨论离散形式。$f(x)$ 和 $h(x)$ 都是离散形的概率累积密度函数，可以将其分别定义为 $f(x) = f(x, p)$ 和 $h(x) = h(x, q)$，其中 p 和 q 为同概率累积密度函数相关的向量。为了讨论方便，本节中用 $p(x)$ 和 $q(x)$ 代替原来的 $f(x)$ 和 $h(x)$。

MinxEnt 规划（3.22）的离散形式为：

$$\min_p D(p \mid q) = \min_p \sum_{i=1}^{m} p_i \ln \frac{p_i}{q_i}$$

$$\text{s. t.} \sum_{i=1}^{m} s_j(x_i) p_i = \mathrm{E}_p s_j(X) = r_j, \; j = 1 \cdots, k \tag{3.27}$$

$$\sum_{i=1}^{m} p_i = 1, \; \sum_{i=1}^{m} q_i = 1, \; p_i \geq 0, \; q_i > 0$$

公式（3.27）中，有以下几点说明：

（1）X 为离散型随机变量，有 m 个可能的取值 $x_1 \cdots, x_m$；

（2）$q = (q_1 \cdots, q_m)$ 描述了 X 的先验概率密度函数；

（3）$p = (p_1 \cdots, p_m)$ 为待定的概率密度函数向量，它的最优值 p^* 为未知向量，在给定 r_j 和 q 的条件下求解规划（3.27）可得到。

卡普尔、凯萨万在 1992 年给出规划问题（3.27）的解：

$$p_i^* = \frac{q_i \exp\{-\sum_{j=1}^k \lambda_j^* s_j(x_i)\}}{\sum_{r=1}^m q_r \exp\{-\sum_{j=1}^k \lambda_j^* s_j(x_r)\}}$$

$$= \frac{E_q I_{\{X=x_i\}} \exp\{-\sum_{j=1}^k \lambda_j^* s_j(X)\}}{E_q \exp\{-\sum_{j=1}^k \lambda_j^* s_j(X)\}} \tag{3.28}$$

式（3.28）中的 λ_j^* 为最优向量 $\lambda^* = (\lambda_1^* \cdots, \lambda_k^*)$ 的第 j 个分量，λ^* 为非线性最优化问题的最优解：

$$\nabla_{\lambda_j} D(\lambda) = -\frac{\sum_{i=1}^m s_j(x_i) q_i \exp\{-\sum_{r=1}^k s_r(x_i)\lambda_r\}}{\sum_{i=1}^m q_r \exp\{-\sum_{r=1}^k s_r(x_i)\lambda_r\}} + r_j$$

$$= -\frac{E_q s_j(X) \exp\{-\sum_{r=1}^k s_r(X)\lambda_r\}}{E_q \exp\{-\sum_{r=1}^k s_r(X)\lambda_r\}} + r_j \tag{3.29}$$

$$= 0$$

对于规划问题，有以下几点说明：

（1）如果仅有 $\sum_{i=1}^m p_i = 1$ 一项约束条件，则 $p^* = q$；

（2）如果 $r_j = E_p s_j(X)$，$\forall j = 1 \cdots, k$，则 $p^* = q$。

综上所述，稀有事件概率估计问题的极小化交叉熵问题可以归纳如下。

用 l 代表要估计的稀有事件概率：

$$l = E_f\{I_{\{s(X) \geqslant r\}}\} \tag{3.30}$$

式（3.30）中 E_f 的下标 f 表示 X 具有密度函数 $f(x, u)$。

求解 MinxEnt 规划得到最优重要抽样密度函数 $g_{opt}(x)$，则式（3.30）改写为：

$$l = E_{g_{opt}}\left\{I_{\{s(X) \geqslant r\}} \frac{f(X, u)}{g_{opt}(X)}\right\} \tag{3.31}$$

由式（3.31）得到重要抽样估计量为：

$$l_{IS} = \frac{1}{N}\sum_{i=1}^N \left\{I_{\{s(X_i) \geqslant r\}} \frac{f(X_i, u)}{g_{opt}(X_i)}\right\} \tag{3.32}$$

式（3.32）中随机变量 X_i 具有密度函数 $g_{opt}(x)$。重要抽样估计量 l_{IS} 的精确性依赖于 $g_{opt}(x)$。

当 MinxEnt 规划（3.32）仅有一个约束条件，即：

$$E_f s(X) = r \tag{3.33}$$

式（3.33）中的 r 由公式（3.32）确定。最优重要抽样密度函数 $g_{opt}(x)$ 按如下表达式求出：

$$g_{opt}(x,\lambda^*) = \frac{f(x,u)\exp\{-s(x)\lambda^*\}}{E_f\exp\{-s(X)\lambda^*\}} \tag{3.34}$$

其中，λ^* 满足：

$$\frac{E_f s(X)\exp\{-\lambda s(X)\}}{E_f\exp\{-\lambda s(X)\}} = r \tag{3.35}$$

极小化交叉熵方法估计稀有事件概率的基本思想如下：

（1）求解单一约束条件（3.33）的 MinxEnt 规划（3.32），得出如式（3.34）所示的最优重要抽样分布函数 $g_{opt}(x)$；

（2）根据最优重要抽样分布函数 $g_{opt}(x)$ 随机抽取样本 $X_1\cdots,X_N$，按照式（3.32）得到重要抽样估计量。

极小化交叉熵方法与交叉熵方法相比，是否有意义是一个值得讨论的问题。因为按照交叉熵方法求解最优重要抽样分布函数时，分布函数的参数具有解析解，但极小化交叉熵方法却不具有这项优势，它必须通过数值求解的方式得到最优重要抽样分布函数的参数。值得一提的是，在某些特殊情况下，如 $s(x) = x$，并假设 $X \sim N(\mu,\sigma^2)$，X 服从期望为 μ，方差为 σ 的正态分布。MinxEnt 规划（3.32）存在解析解，可以求得最优重要抽样分布函数 $g_{opt}(x) = N(r, \sigma^2)$。

3.3.3 求解组合优化问题的交叉熵方法

假设 χ 是有限状态集，s 是取值于 χ 的实值函数。考虑下面的极大化问题，并用 r^* 表示极大值，即：

$$s(x^*) = r^* = \max_{x \in \chi} s(x) \tag{3.36}$$

利用 CE 方法需要将优化问题转化为概率估计问题。因此，首先对于不同的 $r \in R$ 定义指示函数 $\{I_{\{s(x) \geqslant r\}}\}$，其次定义 $\{f(\cdot;v),v \in V\}$ 为概率密度函数族。对于特定的 $u \in V$，将式（3.36）转化为如下的概率估计问题：

$$l(r) = P_u(s(X) \geqslant r) = \sum_x I_{\{s(x) \geqslant r\}}f(x;u) = E_u I_{\{s(X) \geqslant r\}} \tag{3.37}$$

式（3.37）中，随机状态 X 具有密度函数 $f(\cdot;u)$，P_u 为概率侧度，E_u 为相应的期望算子。将式（3.37）称为伴随随机问题（associated stochastic problem，ASP）。

因此，对于 $r = r^*$，上式即为一个稀有事件概率估计问题，可以应用交叉熵方法求解，重要抽样估计量中的参数 v^* 如下所示：

$$v^* = \arg \max_v \ \mathrm{E}_u I_{\{s(X) \geqslant r\}} \ln f(X;V) \tag{3.38}$$

相应的估计量为：

$$\hat{v}^* = \arg \max_v \ \frac{1}{N} \sum_{i=1}^{N} I_{\{s(X_i) \geqslant r\}} \ln f(X_i;V) \tag{3.39}$$

算法流程如下：

步骤 1：赋初值 $v_0 = u$；

步骤 2：从重要抽样密度函数 $f(\,\cdot\,;v_{t-1})$ 中生成样本 $X_1\cdots,X_N$，计算样本的 $(1-\rho)$ –分位数并赋值给 r_t，当 $r_t < r$ 时，更新 r；

步骤 3：使用步骤 2 中的样本 $X_1\cdots,X_N$ 求解问题（3.39）得到新解 v_t；

步骤 4：对 $t \geqslant d$，当 $r_t = r_{t-1} = \cdots = r_{t-d}$ 时，结束循环；否则，迭代次数增加 1，转步骤 2。

交叉熵方法应用于稀有事件概率估计与组合优化问题的不同之处如下。

（1）密度函数初始值的选取有很大不同：在稀有事件概率估计问题中，是确定的；在组合优化问题中是随机选取的，仅用来定义 ASP 问题。

（2）ASP 问题在每次迭代之后都需要重新定义：在稀有事件概率估计问题中起关键作用的似然比函数在组合优化问题中不出现。

（3）r 值含义不同：稀有事件概率估计问题中，r 是固定值，仅是更新序列改变；在组合优化问题中，r 是用来定义 ASP 问题，随着更新序列改变而改变的。

3.4　仿真示例

3.4.1　问题描述

车辆路径问题（vehicle routing problem，VRP）是 1959 年由丹茨格、拉姆瑟（Dantzig、Ramser）提出的，是指在客户需求位置已知的情况下，确定车辆在各个客户间的行程路线，使得运输路线最短或运输成本最低。通过研究车辆路径问题可以合理使用调运工具，优化运输路线，降低企业物流成本。由于 VRP 问题是一个 NP 完全问题，只有在需求点数量和路段数较少时才可以求得其精确最优解，启发式算法在 VRP 的研究中一直占有非常重要的地位。其中比较成功的有 Clarke – Wright 节约算法、吉勒特（Gillett）等的 sweep 算法、比斯利（Beasley）的先安排路线再分组的算法等。近些年来，模拟退火、遗传算法、禁忌搜索算法等一大批仿生学智能优化算法的兴起，为解决 VRP 提供了新的工具。禁忌搜索被普遍认为是解决 VRP 问题最快的算法，遗传算法则在全局搜索上拥有优势。基于交叉熵算法被成功应用于求解组合优化问题的事实，本书基于交叉熵方法对更复杂的车辆路径问题进行研究。

自从车辆路径问题提出以来，不同领域的学者提出许多解决方案，并衍生出多种侧重研究不同因素的模型。在已有的诸多模型中，随机车辆路径问题，因其求解的复杂性，近年来随着计算技术的发展逐渐引起人们的重视。运输途中不断变化货物量对整个路径制定和费用的影响却较少被考虑，但是"运输行业的成本经济特征表明服务成本和运输批量有关"，这其中包括货车的油耗、押运的费用等。例如，根据实际经验，一辆载有 10 吨货物的货车和一辆仅载有 2 吨货物的货车在同一线路上行驶，最终的费用显然是不一样的，随着车辆负载的变化，相应的运输费用也必然有所不同，因此，本书同时考虑运输途中货物变化量和客户的随机需求对车辆路径的影响。首先建立问题模型，再根据问题的特点构建基于 CE 法的算法，力图为解决该问题提供一种新的方法。

带货物权重的随机需求车辆路径问题（vehicle routing problem with weight coefficients and stochastic demands）可描述如下。定义一个完全图 $G = (V, A, C)$，其中：$V = \{v_1 \cdots, v_n\}$ 为图的顶点集，v_1 表示库房，其余为用户点；$A = \{(v_i, v_j) : i \neq j; v_i, v_j \in V\}$ 为两点弧集；$C = \{c_{v_i v_j} : i \neq j; v_i, v_j \in V\}$ 为两点间的费用集。定义：$L = \{l_{v_i v_j} : i \neq j; v_i, v_j \in V\}$ 为两点间距离集，满足对称性和三角不等式。车辆行驶单位距离的费用为 c_l，车辆运送单位重量货物行驶单位距离的费用为 c_w。用户的需求为独立同分布的离散随机变量 d_{v_i}，实际值车辆到达时才能知道。车的载重量为 Q。

对任意一个用户序列，即对路径 $R = (r_1 \cdots, r_n, r_{n+1})$，其中 $r_1 = r_{n+1} = v_1$ 表示库房，也即路径的起点和终点。它的费用函数定义为：

$$f(R) = \sum_{i=1}^{n} c_{r_i r_{i+1}} I(r_i) + \sum_{i=2}^{n} g(r_i) \tag{3.40}$$

令 $remain(r_i)$ 表示到达节点 r_i 并卸货后车辆的余货，定义如下：

$$remain(r_1) = Q \tag{3.41}$$

$$remain(r_i) = \begin{cases} remain(r_{i-1}) - d_{r_i} & remain(r_{i-1}) > 0 \\ Q - d_{r_i} & remain(r_{i-1}) = 0 \quad i = 2\cdots,n \\ Q + remain(r_{i-1}) - d_{r_i} & remain(r_{i-1}) < 0 \end{cases}$$

式（3.40）中：

$$I(r_i) = \begin{cases} 0 & remain(r_i) \leqslant 0 \\ 1 & remain(r_i) > 0 \end{cases} \quad i = 1\cdots,n$$

表示如果到达节点 r_i 并卸货后车辆仍有余货，则沿此节点向前服务用户；若货物不足或恰好余货为零，则返回库房补货。

$c_{r_i r_j}$ 为路径节点 r_i 与 r_j 之间的费用，由车辆行驶单位距离的费用和车辆运送单位重量货物行驶单位距离的费用两部分组成，定义如下：

$$c_{r_i r_j} = l_{r_i r_j} \times c_l + l_{r_i r_j} \times remain(r_i) \times c_w \qquad (3.42)$$

$g(r_i)$ 表示因车辆的载重量有限，车辆沿该路径服务可能发生失败，因此产生的额外费用。若未满足用户需求，车辆需回库房载货后返回该用户，满足该用户需求后再向前服务；如刚好满足用户需求，车辆回库房载货后，沿路径下一用户向前服务。定义如下：

$$g(r_i) = \begin{cases} 0 & remain(r_i) > 0, remain(r_i) \neq Q - d_{r_i} & i = 2\cdots,n \\ c_{r_i 0} & remain(r_i) = 0 & i = 2\cdots,n \\ c_{0 r_i} & remain(r_i) = Q - d_{r_i} & i = 3\cdots,n \\ c_{r_i 0} + c_{0 r_i} & remain(r_i) < 0 & i = 2\cdots,n \end{cases} \qquad (3.43)$$

至此，我们建立了带货物权重的随机需求车辆路径问题的模型。因为用户需求是随机的，进而车辆到每个节点并卸货后的剩余货量也是随机的，所以计算每一条路径的费用就变得相当复杂，用常规方法很难求解此类问题。我们采用蒙特卡罗抽样的方法，先随机生成 M 个用户的需求样本，根据用户需求来计算每条路径的费用。交叉熵方法是提高蒙特卡罗抽样效率的一种有效办法。

极小化费用函数 $f(R^*) = r^* = \min \ f(R)$ 本质上等价于事件 $\{f(R) \leqslant r^*\}$ 为稀有事件，所以可以通过使用交叉熵算法来求解事件 $\{f(R) \leqslant r\}$ 的概率来找到极小值问题的解。从某一 $\{r_1, v_1\}$ 开始，经过迭代找到 $\{r_T, v_T\}$ 接近最优的 $\{r^*, v^*\}$，则 r_T 可视为 f 的极小值，即极小值问题的解 r^*。

3.4.2　算法设计

3.4.1 节建立的模型，增加用户需求的随机性及货物的权重，进而增大了求解路径费用的难度。对每个用户随机选取 M 个需求样本 $D^1 \cdots, D^M$，任意一条路径样本 R 的费用采用对应这 M 个需求样本所产生费用的平均值来表示其期望费用，即：

$$F(R) = \frac{1}{M} \sum_{i=1}^{M} f(R, D^i) \tag{3.44}$$

所以极小化问题可以通过式（3.44）来求解。将求解极小化问题与估计稀有事件概率问题联系起来，用求解稀有事件的交叉熵方法给出模型的算法。交叉熵方法的基本思想就是构建两个更新序列，一个为分位参数 r，即目标函数值，另一个为重要抽样分布类的参数，按照一定的更新规则更新参数，直至满足最优性条件，找到最优解，迭代终止。

可见，应用交叉熵方法求解此问题有两个问题需要解决：如何生成随机路径；在每部迭代中如何更新参数，即更新规则。

波尔和克罗桑等利用交叉熵方法用于求解旅行商问题（the travelling salesman problem，TSP）时，用马尔可夫链表示随机路径，按照马尔可夫链的转移矩阵生成路径，通过更新转移矩阵增大下一次迭代中生成更优路径的概率。为了方便描述算法，简单介绍如下。

考虑带有 n 个节点的加权图，节点表示城市，边表示城市之间的道路，c_{ij} 表示 i, j 之间的路长。目标是找出遍历所有节点的最短路径。χ 表示所有可能路径的集合，$s(x)$ 为路径的长度，$x \in \chi$。用序列 $(X_1 \cdots, X_n)$ 表示路径，TSP 问题可以表示如下：

$$\min_{x \in \chi} s(x) = \min_{x \in \chi} \left\{ \sum_{i=1}^{n-1} c_{x_i, x_{i+1}} + c_{x_n, 1} \right\} \tag{3.45}$$

应用 CE 方法需要确定两点：①如何生成路径，②每部迭代中如何更新参数。

因此将（3.45）转化为等价的极小化问题，令：

$$\tilde{\chi} = \{(x_1 \cdots, x_n) : x_1 = 1, x_i \in (1 \cdots, n), i = 2 \cdots, n\} \tag{3.46}$$

表示起点和终点都为节点 1，每个城市不只到达一次的路径集合。定义：

$$\tilde{s}(x) = \begin{cases} s(x) & x \in \chi \\ \infty & else \end{cases} \tag{3.47}$$

式（3.45）即可等价于：

$$\min_{x \in \tilde{\chi}} \tilde{s}(x) \tag{3.48}$$

应用马尔可夫链在集合 $\tilde{\chi}$ 中生成路径 $X = (X_1 \cdots, X_n)$，从节点 1 开始，经 n 步转移终止。令 $P = (p_{ij})_{n \times n}$ 表示马尔可夫链的一步转移矩阵，且 $p_{ii} = 0$，$p_{ij} > 0$。由此 X 的密度函数为：

$$f(x;P) = \prod_{m=1}^{n} \prod_{i,j} p_{ij}^{I_{\{x \in \tilde{\chi}_{ij(m)}\}}} \tag{3.49}$$

其对数可以表示为：

$$\ln f(x;P) = \sum_{m=1}^{n} \sum_{i,j} I_{\{x \in \tilde{\chi}_{ij(m)}\}} \ln p_{ij} \tag{3.50}$$

其中 $\tilde{\chi}_{ij(m)}$ 表示在集合 $\tilde{\chi}$ 中，第 m 步是从节点 i 转移到节点 j。约束条件为 $\sum_{j=1}^{n} p_{ij} = 1$。应用 Lagrange 乘子条件得到下面的极大化问题：

$$\max_{p} \min_{u} \left[E_p I_{\{\tilde{s}(X) \leqslant r\}} \ln f(X;p) + \sum_{i=1}^{n} u_i \left(\sum_{j=1}^{n} p_{ij} - 1 \right) \right] \tag{3.51}$$

将上式关于 p_{ij} 求导，对 $j = 1 \cdots, n$ 得到：

$$\frac{E_p I_{\{\tilde{s}(X) \leqslant r\}} \sum_{m=1}^{n} I_{\{X \in \tilde{\chi}_{ij(m)}\}}}{p_{ij}} + u_i = 0 \tag{3.52}$$

再对 $j = 1 \cdots, n$ 求和可得：

$$E_p I_{\{\tilde{s}(X) \leqslant r\}} \sum_{m=1}^{n} I_{\{X \in \tilde{\chi}_{i(m)}\}} = -u_i \tag{3.53}$$

因此：

$$p_{ij} = \frac{E_p I_{\{\tilde{s}(X) \leqslant r\}} \sum_{m=1}^{n} I_{\{X \in \tilde{\chi}_{ij(m)}\}}}{E_p I_{\{\tilde{s}(X) \leqslant r\}} \sum_{m=1}^{n} I_{\{X \in \tilde{\chi}_{i(m)}\}}} \tag{3.54}$$

相应的估计量为：

$$\hat{p}_{ij} = \frac{\sum_{k=1}^{N} I_{\{\tilde{s}(X_k) \leqslant r\}} \sum_{m=1}^{n} I_{\{X_k \in \tilde{\chi}_{ij(m)}\}}}{\sum_{k=1}^{N} I_{\{\tilde{s}(X_k) \leqslant r\}} \sum_{m=1}^{n} I_{\{X_k \in \tilde{\chi}_{i(m)}\}}} \tag{3.55}$$

因为在以上算法过程中，p_{ij} 仅仅是用来生成路径，故可以修改为：

$$\hat{p}_{ij} = \frac{\sum_{k=1}^{N} I_{\{s(X_k) \leqslant r\}} I_{\{X_k \in \chi_{ij}\}}}{\sum_{k=1}^{N} I_{\{s(X_k) \leqslant r\}}} \tag{3.56}$$

其中，χ_{ij} 表示从节点 i 转移到节点 j 的所有路径集合。

算法流程如下：

步骤1：赋初值 $P^{(1)} = P$，$X_1 = 1$；

步骤2：根据（3.55）式从 $P^{(k)}$ 更新到 $P^{(k+1)}$；

步骤3：当 $k = n - 1$ 时，结束循环；否则，迭代次数增加1，转步骤2。

由于旅行商问题与车辆路径问题有相似性，本书基于该思想设计算法流程，即此问题中转移矩阵的更新规则为：

$$p_{ij} = \frac{\sum_{k=1}^{N} I_{\{s(X_k) \leqslant r\}} I_{\{X_k \in \chi_{ij}\}}}{\sum_{k=1}^{N} I_{\{s(X_k) \leqslant r\}}} \tag{3.57}$$

其中，χ_{ij} 表示所有从节点 i 到节点 j 的可能路径集合。首先生成初始转移矩阵，依转移矩阵生成路径；其次随机生成 M 个需求样本，对应需求样本求出每条路径的期望费用值；再次参照分位参数按照（3.57）式更新转移矩阵；最后按照迭代终止条件，求出目标函数值。下面给出详细的算法流程。

步骤1：生成初始转移矩阵 P，并使按此转移矩阵生成任何一条路径的概率相等，即：

$$p_{ij} = \begin{cases} \dfrac{1}{n-1} & i \neq j \\ 0 & i = j \end{cases} \tag{3.58}$$

赋初值 $P^{(1)} = P$，令 $t = 1$，分位参数 $\rho = 0.01$。

步骤2：按照转移矩阵 $P^{(t)}$ 生成 N 条路径 $R_1 \cdots, R_N$，随机生成 M 个用户的需求样本。

步骤3：计算每条路径关于 M 个用户需求样本的平均费用，并令 γ_t 表示费用函数序列 $F(R_1) \cdots, F(R_N)$ 的 $(1 - \rho)$ – 分位数。

步骤4：按照下式更新转移矩阵：

$$p_{r_i r_j} = \frac{\sum_{k=1}^{N} I_{\{F(R_k) \leqslant r_t\}} I_{\{(r_i, r_j) \in R_k\}}}{\sum_{k=1}^{N} I_{\{F(R_k) \leqslant r_t\}}} \tag{3.59}$$

步骤5：对 $t \geqslant d$，当 $r_t = r_{t-1} = \cdots = r_{t-d}$ 时，结束循环；否则，迭代次数增加1，转步骤2。

在上面的步骤2中，依马尔可夫链的初始分布及一步转移矩阵生成马尔可夫链，已知 $X_n = i$，$n \geqslant 0$，在本例中令 $X_1 = 1$，即生成一条随机路径，其步骤如下：

步骤 1：令 $F_{i0} = 0$，计算 $F_{ik} = \sum_{j=1}^{k} p_{ij}$，$k \geqslant 0$；

步骤 2：取 $u_n \sim U(0,1)$，当且仅当 $u_n \in \left[F_{i(j-1)}, F_{ij} \right)$，令 $X_{n+1} = j$，依次继续可生成一条随机路径。

还应当注意的是，若直接利用式（3.59），当有的 p_{ij} 过早为 0 时，易陷入局部最优解，故将其修改为：

$$p'_{ij} = \alpha p_{ij} + (1 - \alpha) p_{ij}^{t-1} \tag{3.60}$$

其中 α 为平滑参数，本书取为 0.9。

3.4.3 仿真分析

为了验证所提算法的有效性，考察如下的问题。两个节点之间的距离在 $[0, 100]$ 中随机产生，用户需求在 $[0, 60]$ 中随机产生。载重量为 50，即用户需求可以超过车辆的载重量。车辆行驶单位距离的费用为 15，车辆运送单位重量货物行驶单位距离的费用为 5，路径样本为 $5n^2$，n 为用户数。问题具有很强的随机性，所以随机抽取 100 个样本，图 3.1 中数据均为平均值。

本例中用户数为 5，初始转移矩阵：

$$\boldsymbol{P}^{(0)} = \begin{bmatrix} 0 & 0.25 & 0.25 & 0.25 & 0.25 \\ 0.25 & 0 & 0.25 & 0.25 & 0.25 \\ 0.25 & 0.25 & 0 & 0.25 & 0.25 \\ 0.25 & 0.25 & 0.25 & 0 & 0.25 \\ 0.25 & 0.25 & 0.25 & 0.25 & 0 \end{bmatrix}$$

迭代到 250 步时，得到转移矩阵如下：

$$\boldsymbol{P}^{(250)} = \begin{bmatrix} 0 & 0 & 0.92 & 0 & 0.08 \\ 0 & 0 & 0 & 1 & 0 \\ 0 & 1 & 0 & 0 & 0 \\ 0.05 & 0 & 0 & 0 & 0.95 \\ 0.93 & 0 & 0.07 & 0 & 0 \end{bmatrix}$$

图 3.1 中 z 轴表示转移矩阵中从节点 i 到达节点 j 的概率值，x 轴表示共有 5 个节点，y 轴表示共有 5 步。利用图 3.1 来说明转移矩阵的更新过程，从第一幅图可见，从前一个节点出发经一步转移到任何一个除自身之外节点的概率都是相等的，随着迭代步数增加，渐渐向能够使目标函数优化的路径概率

增大的方向移动。第二幅图中显示本例中最优路径是（1，3，4，2，5，1），
费用为 41 804。

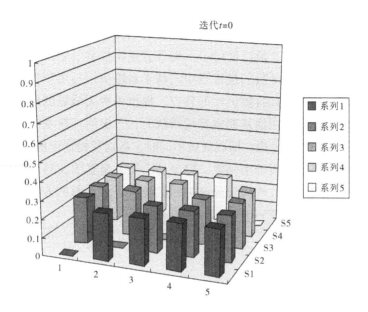

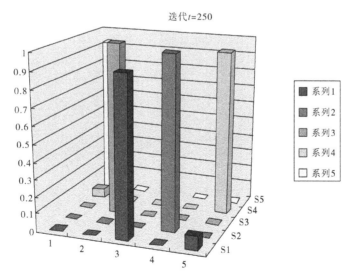

图 3.1 转移矩阵更新图

3.5　本章小结

　　本章首先介绍了交叉熵方法及极小化交叉熵方法的基本原理，并对两类方法进行了总结及比较。最后探讨了一类带有货物权重的随机需求车辆路径问题，在描述费用目标函数的过程当中，基于运输费用与用户需求具有很强的相关性，而用户需求具有随机性的特点，提出用费用函数的期望代替原有目标函数的解决方法。在描述期望费用函数时，车辆的当前载重量也作为影响运输费用的一个因素考虑，即载货量不同时，运输货物产生的费用也不同。针对此类复杂的路径期望费用函数，提出基于交叉熵算法及马尔可夫转移矩阵过程来求解此类问题，并为解决该类问题提供了一类新的方法。仿真实验验证了所提算法对解决 WVRPSD 问题的有效性。

其他重要抽样方法

如前所述，在选取重要抽样分布函数时，主要应用极小化方差或者极小化交叉熵的方法。但极小化方差的方法要写出方差的显式形式，对于太复杂的问题，应用难度相对较大。波尔、克罗塞指出交叉熵方法有时会陷入局部最优解问题，进而会导致算法在达到局部最优时即会满足停止规则，算法终止。因此，交叉熵方法的收敛性问题还值得进一步讨论。鉴于以上存在的这些不足之处，拟通过概率论及随机过程中的一些相关知识，利用期望及似然比构成的鞅来选取重要抽样分布函数，以期为重要抽样算法选取重要抽样分布函数提供两种新的解决办法。

4.1　基于期望的重要抽样方法

本节提出一种基于期望的解决稀有事件概率估计的方法——应用判断抽样密度函数与最优重要抽样分布函数之比的期望是否为 1 来寻找最优重要抽样分布函数，进而实现重要抽样的方法。这种方法通过极小化抽样密度函数与最优重要抽样分布函数之比的期望与 1 之间的距离，进而从分布族 $\{f(\cdot;v)\}$ 中确定参数向量 v 来选取一个密度函数，使 $g_{opt}(x)$ 与 $f(\cdot;v)$ 的距离最近，从而得到稀有事件的概率估计。最后将该方法应用在与第 3 章相类似的项目进度管理问题中，并与蒙特卡罗仿真（MCS）方法进行比较，得到了满意的结果。

下面先介绍本节用到的几个基本概念。

4.1.1　基本概念

4.1.1.1　期望

（1）离散型随机变量的数学期望

设 X 为离散型随机变量，其概率分布由表 4.1 给出。

表 4.1　离散型随机变量概率分布

X	x_0	x_1	x_2	$\cdots$	x_n	$\cdots$
$p\{X = x_i\}$	p_0	p_1	p_2	$\cdots$	p_n	$\cdots$

其中：

$$p_i \geqslant 0，\sum_{i=0}^{\infty} p_i = 1 \tag{4.1}$$

若：

$$\sum_{i=0}^{\infty} |x_i| p_i < \infty \tag{4.2}$$

记：

$$E(X) = \sum_{i=0}^{\infty} x_i p_i \tag{4.3}$$

称 $E(X)$ 为 X 的数学期望。

（2）连续型随机变量的数学期望

设 X 为具有密度函数 $f(x)$ 的随机变量，若：

$$\int_{-\infty}^{+\infty} |x| f(x) < \infty \tag{4.4}$$

记：

$$E(X) = \int_{-\infty}^{+\infty} x f(x) \, dx \tag{4.5}$$

称 $E(X)$ 为 X 的数学期望。

4.1.1.2　一般函数的期望

设 $F(x)$ 为随机变量 X 的分布函数，$g(x)$ 为 R_1 上的连续函数。若 $\int_{-\infty}^{+\infty} |g(x)| dF(x) < \infty$，则 $g(X)$ 的数学期望 $E[g(X)]$ 存在，且：

$$E[g(X)] = \int_{-\infty}^{+\infty} g(x) \, dF(x) \tag{4.6}$$

其中，R_1 表示一维实数空间。

对于一般函数的数学期望，经研究可得出如下结论。

【定理 4.1】

假设随机变量 X 具有密度函数 $f(x)$，$g(x)$ 是任意的概率密度函数，则：

$$E\left[\frac{f(X)}{g(X)}\right] = 1 \tag{4.7}$$

的充分必要条件为 $f(x) = g(x)$。

证明：若 $f(x) = g(x)$，显然 $E\left[\dfrac{f(X)}{g(X)}\right] = 1$ 成立。

下面证明，若 $E\left[\dfrac{f(X)}{g(X)}\right] = 1$，可得 $f(x) = g(x)$。

由：

$$E\left[\frac{f(X)}{g(X)}\right] = \int \frac{f(x)}{g(x)} \times f(x) \, dx$$
$$= \int \frac{f^2(x)}{g(x)} dx + \int g(x) \, dx - \int g(x) \, dx \tag{4.8}$$

因为 $g(x)$ 是概率密度函数，所以可得 $\int g(x) \, dx = 1$。故可得：

$$E\left[\frac{f(X)}{g(X)}\right] = \int\left[\frac{f^2(x)}{g(x)} + g(x)\right]\mathrm{d}x - 1$$

$$\geqslant 2 \times \int\sqrt{\frac{f^2(x)}{g(x)} \times g(x)}\,\mathrm{d}x - 1$$

$$= 2 \times \int f(x)\,\mathrm{d}x - 1$$

$$= 1 \tag{4.9}$$

根据柯西不等式定理可得当且仅当 $\dfrac{f^2(x)}{g(x)} = g(x)$ 时，等号成立。因为 $f(x)$ 和 $g(x)$ 是概率密度函数，所以可得 $f(x) = g(x)$。

4.1.2　算法描述

由前述分析可见，最优重要抽样分布估计量的有效性完全依赖于最优重要抽样分布函数的选择，而从第 2 章的分析可知最优重要抽样分布函数是得不到的。一种有效的处理办法是在分布族 $\{f(\,\cdot\,;v)\}$ 中通过确定参数向量 v 选取一个密度函数使其逼近最优重要抽样密度函数，即使 $f(\,\cdot\,;v)$ 与 $g_{opt}(x)$ 的距离最近。

本节基于期望的重要抽样算法思想描述如下。

由上节所述，当随机变量 $\dfrac{f(X)}{g(X)}$ 的期望为 1 时，则任意的概率密度函数 $g(x)$ 与随机变量 X 的概率密度函数 $f(x)$ 相等，所以令 $g(x)$ 为最优的重要抽样密度函数 $g_{opt}(x)$ 时，$f(x,v)$ 为随机变量 X 的密度函数，则当随机变量 $\dfrac{f(X,v)}{g_{opt}(X)}$ 的数学期望为 1 时，随机变量 X 的密度函数 $f(x,v)$ 与最优的重要抽样密度函数 $g_{opt}(x)$ 相等。因此极小化 $g_{opt}(x)$ 与 $f(\,\cdot\,;v)$ 之间的距离就等价于将 $g(x)$ 选取为最优重要抽样分布函数 $g_{opt}(x)$，当根据密度函数 $f(\,\cdot\,;v)$ 产生 X 时，$\dfrac{f(X;v)}{g_{opt}(X)}$ 的期望为 1，也即 $\left|\mathrm{E}_v\left[\dfrac{f(X;v)}{g_{opt}(X)}\right] - 1\right|$ 最小，从而确定参数 v。将式 (2.6) 中 $g_{opt}(x)$ 的表达式代入，得到下面的极小化问题：

$$\min_v \left|\mathrm{E}_v\left[\frac{l \times f(X;v)}{I_{\{s(X)\geqslant r\}} \times f(X;u)} - 1\right]\right| \tag{4.10}$$

上式中算子 E_v 表示随机变量 X 的密度函数为 $f(\,\cdot\,;v)$，即式 (4.10) 中的期望是通过根据概率密度函数 $f(\,\cdot\,;v)$ 随机产生样本再取平均值得到，因为 v 是要确定的参数，所以再运用一次重要抽样技巧，得到：

$$\min_{v} \left| E_w \left[\frac{l \times f(X;v)}{I_{\{s(X) \geq r\}} \times f(X;u)} \times W(X;v,w) \right] - 1 \right| \tag{4.11}$$

式中，$W(x;v,w) = \dfrac{f(x;v)}{f(x;w)}$ 是似然比函数。

从稀有事件仿真方法的叙述可见，算法的关键在于事件 $\{s(x) \geq r\}$ 的概率不能太小，而对于稀有事件来说，这个概率恰恰是很小的，所以指示函数 $I_{\{s(x) \geq r\}}$ 大部分为零。为保证事件发生次数达到分析所需的样本量，在上面的算法过程中，同时建立两个更新参数序列 $\{v_t, t \geq 0\}$ 和 $\{r_t, t \geq 1\}$，使得 $p_{v_{t-1}}(s(x) \geq r_t) \geq \rho$，$\rho \in (0,1)$ 为事先定义的数。

在优化问题（4.2）中还需要注意的有以下几点。

第一，指示函数处在分母的位置，所以将式（2.1）中定义的指示函数 $I_{\{s(x) \geq r\}}$ 修改定义为：

$$I'_{\{s(x) \geq r\}} = \begin{cases} 1, & s(x) \geq r \\ 10^{-5}, & s(x) < r \end{cases} \tag{4.12}$$

第二，l 为要估计事件 $\{s(x) \geq r\}$ 的概率，它是一个待估的量，利用重要抽样密度函数 $f(\cdot; v_{t-1})$ 及 r_{t-1} 计算得出 l_t，如此迭代方法来解决这个问题，即建立一个更新参数序列 $\{l_t, t > 0\}$，即：

$$l_t = \frac{1}{N} \sum_{i=1}^{N} I'_{\{s(X_i) \geq r_t\}} W(X_i; u, v_{t-1}) \tag{4.13}$$

式中，t 表示迭代步数。

第三，在估计稀有事件概率时，首先根据密度函数 $f(\cdot; v^*)$ 随机产生 R 个独立同分布的样本 $X_1 \cdots, X_R$，然后得出稀有事件概率 l 的重要抽样估计量，如式（4.14）所示：

$$\hat{l}_{IS} = \frac{1}{R} \sum_{i=1}^{R} I'_{\{s(X_i) \geq r\}} W(X_i; u, v^*) \tag{4.14}$$

式中，v^* 为优化问题（4.11）的解。

综上，本书所建立的基于期望的重要抽样算法流程如图4.1所示。

基于期望的重要抽样算法过程步骤如下。

步骤1：赋初值 $v_0 = u$，$\rho = 0.1$。

步骤2：从重要抽样密度函数 $f(\cdot; v_{t-1})$ 中生成样本 $X_1 \cdots, X_N$，计算样本的 $(1 - \rho)$ -分位数并赋值给 r_t，当 $r_t < r$ 时，更新 r，按照（4.13）式更新 l_t。

步骤3：使用步骤2中的样本 $X_1 \cdots, X_N$ 求解下面的极小化问题得到新解 v_t：

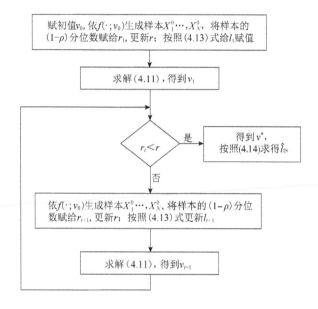

图4.1　基于期望的重要抽样算法流程图

$$
\min_{v_t} \left| E_{v_{t*1}} \left[\frac{l_{t-1} \times f(X;v_t)}{I'_{\{s(X) \geqslant r_{t-1}\}} \times f(X;u)} \times W(X;v_t,v_{t-1}) \right] - 1 \right|
$$

$$
= \min_{v_t} \sqrt{\left(E_{v_{t-1}} \left[\frac{l_{t-1} \times f(X;v_t)}{I'_{\{s(X) \geqslant r_{t-1}\}} \times f(X;u)} \times W(X;v_t,v_{t-1}) \right] - 1 \right)^2}
$$

$$(4.15)$$

步骤4：当 $r_t < r$ 时，迭代次数增加1，转步骤2；否则，结束循环，求出问题的解 v^* 。

步骤5：按照公式（4.14）计算稀有事件概率。

4.1.3　仿真示例

由于此类问题没有标准算例，仍旧采用与第2章相类似的算例来验证本节算法的有效性。在某项工程中，关键路线上共有5个关键活动。令 X^i 表示每一个活动的工时，$X = (X^1 \cdots, X^5)$，$s(X)$ 表示这项工程总工期，所以 $s(X)$ 是5个变量的和，$s(X) = \sum_{i=1}^{5} X^i$ 。

本节所考虑的问题是总工期大于一个给定时间 r 的事件 $s(X) > r$ 的概率，即需要估计：

$$l = P(s(X) > r) = P\left(\sum_{i=1}^{5} X^i > r\right) = EI_{|\sum_{i=1}^{5} X^i > r|} \tag{4.16}$$

当 $r > r^*$ 时，$s(X) > r$ 是一个稀有事件，此处 $r^* = \arg(P(S(X) > r)) = 10^{-5}$。在不影响算法有效性的前提下，考虑每项活动的工时分别服从均值为 $u_j = 25$ 的指数分布的情况。则 X 具有密度函数：

$$f(x, u) = \exp\left(-\sum_{j=1}^{5} \frac{x_j}{u_j}\right) \prod_{j=1}^{5} \frac{1}{u_j} = \exp\left(-\sum_{j=1}^{5} \frac{x_j}{25}\right) \prod_{j=1}^{5} \frac{1}{25} \tag{4.17}$$

需要估计的重要抽样估计量为：

$$\hat{l}_{IS} = \frac{1}{N} \sum_{i=1}^{N} I_{|s(X_i) \geq r|} W(X_i; u, v^*) \tag{4.18}$$

式中，N 为样本总数，$X_i = (X_i^1 \cdots, X_i^{14})$，$W(x; u, v)$ 为似然比函数，在本例中其等于：

$$\begin{aligned} W(x; u, v) &= \frac{f(x; u)}{f(x; v^*)} = \exp\left(-\sum_{j=1}^{5} x_j \left(\frac{1}{u_j} - \frac{1}{v_j^*}\right)\right) \prod_{j=1}^{5} \frac{v_j^*}{u_j} \\ &= \exp\left(-\sum_{j=1}^{5} x_j \left(\frac{1}{25} - \frac{1}{v_j^*}\right)\right) \prod_{j=1}^{5} \frac{v_j^*}{25}. \end{aligned} \tag{4.19}$$

通过求解问题极小化问题（4.16），求得 v^* 即：

$$\begin{aligned} &\min_{v_t} \left| E_{v_{t-1}} \left[\frac{l_{t-1} \times f(X; v_t)}{I'_{|s(X) \geq r_{t-1}|} \times f(X; u)} \times W(X; v_t, v_{t-1}) \right] - 1 \right| \\ &= \min_{v_t} \sqrt{\left(E_{v_{t-1}} \left[\frac{l_{t-1} \times f(X; v_t)}{I'_{|s(X) \geq r_{t-1}|} \times f(X; u)} \times W(X; v_t, v_{t-1}) \right] - 1 \right)^2} \end{aligned} \tag{4.20}$$

其中：

$$\begin{aligned} l_t &= \frac{1}{N} \sum_{i=1}^{N} I'_{|s(X_i) \geq r_t|} W(X_i; u, v_{t-1}) \\ &= \frac{1}{N} \sum_{i=1}^{N} I'_{|s(X_i) \geq r_t|} \exp\left(-\sum_{j=1}^{5} x_{ij} \left(\frac{1}{25} - \frac{1}{v_{t-1,j}}\right)\right) \prod_{j=1}^{5} \frac{v_{t-1,j}}{25} \end{aligned} \tag{4.21}$$

本节对给定的两个 r 值 500 和 800 进行仿真，表 4.2 显示了仿真结果。表中 l 是 l 的估计量，N 是仿真次数，90% H. W. 表示 90% 置信区间半长。使用基于期望的重要抽样方法估计 $l = P(s(X) > r)$，本书同时用标准的蒙特卡罗仿真（MC）方法和极小化方差方法（VM）来估计 $l = P(s(X) > r)$，结果列于表 4.2。由于仿真试验具有随机性，对每种情况独立做了 100 次仿真试验，表中数据均取自 100 次独立试验的平均值。

表 4.2 基于 MC 方法与基于期望的重要抽样方法仿真结果比较

r	方法	$\hat{l}$	90% H. W.	N
500	MC	$1.000\,0 \times 10^{-6}$	$3.280\,0 \times 10^{-6}$	200 000
	期望	$1.255\,6 \times 10^{-6}$	$5.458\,0 \times 10^{-6}$	1 000
	VM	$9.361\,4 \times 10^{-6}$	$1.345\,1 \times 10^{-5}$	1 000
800	MC	—	—	5 000 000
	期望	$4.053\,8 \times 10^{-12}$	$3.250\,6 \times 10^{-12}$	3 000
	VM	$4.632\,6 \times 10^{-11}$	$6.743\,2 \times 10^{-11}$	50 000

注：表中的"—"表示经过了 5 000 000 次抽样后，稀有事件没有发生，以至于无法建立有效的区间估计。

由表的对比不难看出，当 $r = 500$ 时，传统的蒙特卡罗仿真算法需要进行 200 000 次仿真实验才可以得到置信区间半长为 $3.280\,0 \times 10^{-6}$ 的估计量；而基于期望的重要抽样方法在进行 1 000 次仿真实验后就可以得到置信区间半长为 $5.458\,0 \times 10^{-6}$ 的估计量，计算时间大大减少；基于极小化方差的方法在经过了 1 000 次仿真实验后得到了置信区间半长为 $1.345\,1 \times 10^{-5}$ 的估计量，计算精度劣于基于期望的重要抽样方法。当 $r = 800$ 时，传统的蒙特卡罗仿真算法进行 5 000 000 次仿真实验后，仿真不到稀有事件。而本书提出重要抽样方法在分别进行 3 000 次仿真实验后，得到了令人满意的结果。可见本节提出的方法对于小概率事件的计算精度高于其他几种方法，对于稀有事件来说，本节提出的方法计算结果更可靠。

4.2 基于鞅的重要抽样方法

鞅论目前已经成为研究概率论以及应用概率论和其他随机过程的有力工具，在统计、序贯决策、最优控制、随机微分方程等方面均得到了广泛应用。鞅论的发展与现今的社会竞争是分不开的。有奖彩票、保险、经济、投资建设等均与鞅论有关。但是至今为止，还未看到鞅论在稀有事件领域的应用。本节力图将这一新兴的研究随机过程的工具应用到仿真领域，作为寻找最优重要抽样分布函数的一种方法。

下面先介绍本节用到的几个基本概念。

4.2.1 基本概念

4.2.1.1 鞅

过程 $\{X_n, n \geq 0\}$ 是鞅，如果 $\forall n \geq 0$，有：

① $\mathrm{E}|X_n| < \infty$；

② $\mathrm{E}(X_{n+1} \mid X_0, X_1 \cdots, X_n) = X_n$。

鞅的背景来源于公平赌博。上式表明，如第 n 次赌博后资金为 X_n，则第 $n+1$ 次赌博后的平均资金恰等于 X_n，即每次赌博胜负机会均等。

有时 $\{X_n, n \geq 0\}$ 不能直接观察，而只能观察另一过程 $\{Y_n, n \geq 0\}$。故作如下定义。

设有两个过程 $\{X_n, n \geq 0\}$ 及 $\{Y_n, n \geq 0\}$，称 $\{X_n, n \geq 0\}$ 关于 $\{Y_n, n \geq 0\}$ 是鞅，且满足如下条件：

① $\mathrm{E}|X_n| < \infty$；

② $\mathrm{E}(X_{n+1} \mid Y_0, Y_1 \cdots, Y_n) = X_n$。

4.2.1.2 似然比构成的鞅

似然比构成的鞅是鞅论中的一个典型例子。

设 $Y_0, Y_1 \cdots, Y_n$ 是独立同分布随机变量序列，f_0 和 f_1 是概率密度函数，定义似然比如下：

$$X_n = \frac{f_1(Y_0)f_1(Y_1)\cdots f_1(Y_n)}{f_0(Y_0)f_0(Y_1)\cdots f_0(Y_n)}, \ n \geq 0 \tag{4.22}$$

假设 $\forall y, f_0(y) > 0$。当 Y_n 的概率密度函数为 f_0 时，则 $\{X_n, n \geq 0\}$ 关于 $\{Y_n, n \geq 0\}$ 是鞅。

证明：因为：

$$\mathrm{E}|X_n| = \mathrm{E}\left[\frac{f_1(Y_0)f_1(Y_1)\cdots f_1(Y_n)}{f_0(Y_0)f_0(Y_1)\cdots f_0(Y_n)}\right] = 1 < \infty \tag{4.23}$$

且：

$$\mathrm{E}(X_{n+1} \mid Y_0, Y_1 \cdots Y_n) = \mathrm{E}\left[X_n \frac{f_1(Y_{n+1})}{f_0(Y_{n+1})} \mid Y_0, Y_1 \cdots Y_n\right] = X_n \mathrm{E}\left[\frac{f_1(Y_{n+1})}{f_0(Y_{n+1})}\right] \tag{4.24}$$

当 Y_n 的概率密度函数为 f_0 时：

$$E\left[\frac{f_1(Y_{n+1})}{f_0(Y_{n+1})}\right] = \int \frac{f_1(y)}{f_0(y)}f_0(y)\,\mathrm{d}y = \int f_1(y)\,\mathrm{d}y = 1 \tag{4.25}$$

因此 $\{X_n, n \geq 0\}$ 关于 $\{Y_n, n \geq 0\}$ 是鞅。

通过研究，本书得到如下结论：在某些特殊情况下，可以用 $\{X_n, n \geq 0\}$ 关于 $\{Y_n, n \geq 0\}$ 是鞅来判别 $\{Y_n, n \geq 0\}$ 的密度函数为 f_0。

【定理4.2】

设 $Y_0, Y_1 \cdots, Y_n$ 是独立同分布随机变量序列，f_0 和 f_1 是同方差的正态分布概率密度函数，令：

$$X_n = \frac{f_1(Y_0) f_1(Y_1) \cdots f_1(Y_n)}{f_0(Y_0) f_0(Y_1) \cdots f_0(Y_n)}, n \geq 0 \tag{4.26}$$

假设 $\forall y, f_0(y) > 0$，则当 $\{X_n, n \geq 0\}$ 关于 $\{Y_n, n \geq 0\}$ 是鞅，且 Y_n 的概率密度函数为与 f_0、f_1 同方差的正态分布概率密度函数时，Y_n 的概率密度函数即为 f_0。

证明：设 f_0 的表达式为 $\dfrac{1}{\sqrt{2\pi}\sigma} \exp\left[-\dfrac{1}{2\sigma^2}(x - \alpha_2)^2\right]$，$f_1$ 的表达式为 $\dfrac{1}{\sqrt{2\pi}\sigma} \exp\left[-\dfrac{1}{2\sigma^2}(x - \alpha_1)^2\right]$，$Y_n$ 的概率密度函数为 $\dfrac{1}{\sqrt{2\pi}\sigma} \exp\left[-\dfrac{1}{2\sigma^2}(x - \alpha_3)^2\right]$，由 $\{X_n, n \geq 0\}$ 关于 $\{Y_n, n \geq 0\}$ 是鞅，可得：

$$\mathrm{E}(X_{n+1} \mid Y_0, Y_1, \cdots Y_n) = \mathrm{E}\left[X_n \frac{f_1(Y_{n+1})}{f_0(Y_{n+1})} \,\Big|\, Y_0, Y_1, \cdots Y_n\right] = X_n \mathrm{E}\left[\frac{f_1(Y_{n+1})}{f_0(Y_{n+1})}\right] = X_n \tag{4.27}$$

即 $\mathrm{E}\left[\dfrac{f_1(Y_{n+1})}{f_0(Y_{n+1})}\right] = 1$，展开得到：

$$\mathrm{E}\left[\frac{f_1(Y_{n+1})}{f_0(Y_{n+1})}\right]$$

$$= \int_{-\infty}^{+\infty} \frac{\dfrac{1}{\sqrt{2\pi}\sigma} \exp\left[-\dfrac{1}{2\sigma^2}(x - \alpha_1)^2\right]}{\dfrac{1}{\sqrt{2\pi}\sigma} \exp\left[-\dfrac{1}{2\sigma^2}(x - \alpha_2)^2\right]} \times \frac{1}{\sqrt{2\pi}\sigma} \exp\left[-\frac{1}{2\sigma^2}(x - \alpha_3)^2\right] \mathrm{d}x \tag{4.28}$$

$$= \int_{-\infty}^{+\infty} \frac{1}{\sqrt{2\pi}\sigma} \exp\left\{-\frac{1}{2\sigma^2}[(x - \alpha_1)^2 - (x - \alpha_2)^2 + (x - \alpha_3)^2]\right\} \mathrm{d}x$$

$$= \int_{-\infty}^{+\infty} \frac{1}{\sqrt{2\pi}\sigma} \exp\left\{-\frac{1}{2\sigma^2}[x^2 - 2(\alpha_1 + \alpha_2 - \alpha_3)x + (\alpha_1^2 - \alpha_2^2 + \alpha_3^2)]\right\} \mathrm{d}x$$

由此，要使上式等于1，即积分内的函数为一密度函数，当且仅当：

$$x^2 - 2(\alpha_1 + \alpha_2 - \alpha_3)x + (\alpha_1^2 - \alpha_2^2 + \alpha_3^2)$$
$$= [x - (\alpha_1 + \alpha_2 - \alpha_3)]^2 \tag{4.29}$$

即上式中后一项 $(\alpha_1 - \alpha_2)(\alpha_2 - \alpha_3)$ 为零，即 $\alpha_1 = \alpha_2$ 或者 $\alpha_2 = \alpha_3$。

若 $\alpha_1 = \alpha_2$ ，则 f_0 和 f_1 是同一个密度函数，$X_n = \dfrac{f_1(Y_0)f_1(Y_1)\cdots f_1(Y_n)}{f_0(Y_0)f_0(Y_1)\cdots f_0(Y_n)}$ 为常数。

因此显然得到 $\alpha_2 = \alpha_3$ ，Y_n 的概率密度函数为 f_0 。

这是一个非常有用的结论，因为正态分布是经常遇到且常常用来做研究的一种分布。黄继鸿、雷战波等指出宏观经济预警系统中概率密度一般都服从多维正态分布。格拉斯曼、李在用标准（Copula）模型来评估组合信用风险的过程中，也指出在不失一般性的条件下可以认为描述债务人违约的随机变量服从正态分布。

4.2.2 算法描述

本节基于鞅的重要抽样算法思想描述如下。

按照定理 4.2 的思想，当 $\{X_n, n \geq 0\}$ 关于 $\{Y_n, n \geq 0\}$ 是鞅，且 Y_n 的概率密度函数为与 f_0、f_1 同方差的正态分布概率密度函数时，Y_n 的概率密度函数为 f_0 。令 f_1 为随机变量的初始密度函数 $f(x;u)$ ，f_0 为最优的重要抽样分布函数 $g_{opt}(x)$ ，即：

$$X_n = \frac{f(Y_0,u)f(Y_1,u)\cdots f(Y_n,u)}{g_{opt}(Y_0)g_{opt}(Y_1)\cdots g_{opt}(Y_n)} \qquad (4.30)$$

Y_n 的概率密度函数在与 f_0、f_1 同方差的正态分布概率密度函数类 $\{f(\cdot;v)\}$ 中选取，因此可得当 $\{X_n, n \geq 0\}$ 关于 $\{Y_n, n \geq 0\}$ 是鞅时，Y_n 的概率密度函数为 f_0 ，即最优重要抽样密度函数 $g_{opt}(x)$ 。

得到最优重要抽样分布函数的一种方法就是在分布族 $\{f(\cdot;v)\}$ 中通过确定参数向量 v 选取一个密度函数，使 $g_{opt}(x)$ 与 $f(\cdot;v)$ 的距离最近，就可以通过判断 $\{X_n, n \geq 0\}$ 关于 $\{Y_n, n \geq 0\}$ 是否为鞅，来判断 Y_n 的概率密度函数是否为最优重要抽样分布函数，当根据密度函数 $f(\cdot;v)$ 产生 Y_{n+1} ，$\{X_n, n \geq 0\}$ 关于 $\{Y_n, n \geq 0\}$ 是鞅时，有：

$$E(X_{n+1} \mid Y_0, Y_1, \cdots Y_n) = X_n E\left[\frac{f_1(Y_{n+1})}{f_0(Y_{n+1})}\right] \qquad (4.31)$$

$$= X_n \Rightarrow E_v\left[\frac{f(Y_{n+1}\cdot;u)}{g_{opt}(Y_{n+1})}\right] = 1$$

可以认为 Y_{n+1} 的概率密度函数 $f(\cdot;v)$ 为最优重要抽样分布函数。

在分布族 $\{f(\cdot;v)\}$ 中通过确定参数向量 v 选取一个密度函数，极小化

$g_{opt}(x)$ 与 $f(\cdot;v)$ 的距离最小，就等价于 $\left| E_v\left[\dfrac{f(Y_{n+1};u)}{g_{opt}(Y_{n+1})}\right] - 1 \right|$ 最小，来确定参数 v。将式（2.5）中 $g_{opt}(x)$ 的表达式代入，得到下面的极小化问题：

$$\min_v \left| E_v \frac{l}{I_{\{s(X)\geq r\}}} - 1 \right| \tag{4.32}$$

再运用一次重要抽样技巧，得到：

$$\min_v \left| E_w \frac{l}{I_{\{s(X)\geq r\}}} W(X;v,w) - 1 \right| \tag{4.33}$$

其中，$W(x;v,w) = \dfrac{f(x;v)}{f(x;w)}$ 是似然比函数。

从前面叙述可见，算法的关键在于事件 $\{s(x)\geq r\}$ 的概率不能太小，而对于稀有事件来说，这个概率恰恰是很小的，所以指示函数 $I_{\{s(x)\geq r\}}$ 大部分为零。为保证事件发生次数达到分析所需要的样本量，在上面的算法过程中，同时建立两个更新参数序列 $\{v_t, t\geq 0\}$ 和 $\{r_t, t\geq 1\}$，使得 $p_{v_{t-1}}(s(x)\geq r_t)\geq\rho$，$\rho\in(0,1)$ 为事先定义的数。

在优化问题（4.8）中还需要注意的有以下几点。

第一，指示函数处在分母的位置，所以将式（2.1）中定义的指示函数 $I_{\{s(x)\geq r\}}$ 修改定义为：

$$I'_{\{s(x)\geq r\}} = \begin{cases} 1, & s(x)\geq r \\ 10^{-5}, & s(x) < r \end{cases} \tag{4.34}$$

第二，l 是一个待估计的量，它是要估计事件 $\{s(x)\geq r\}$ 的概率，利用重要抽样密度函数 $f(\cdot;v_{t-1})$ 及 r_{t-1} 计算得出 l_t，如此迭代方法来解决这个问题，即建立一个更新参数序列 $\{l_t, t>0\}$，即：

$$l_t = \frac{1}{N}\sum_{i=1}^{N} I'_{\{s(X_i)\geq r_t\}} W(X_i;u,v_{t-1}) \tag{4.35}$$

式中，t 表示迭代步数。

第三，在估计稀有事件概率时，首先根据密度函数 $f(\cdot;v^*)$ 随机产生 R 个独立同分布的样本 $X_1\cdots,X_R$，然后得出稀有事件概率 l 的重要抽样估计量，如式（4.36）所示。

$$\hat{l}_{IS} = \frac{1}{R}\sum_{i=1}^{R} I'_{\{s(X_i)\geq r\}} W(X_i;u,v^*) \tag{4.36}$$

式中，v^* 为优化问题的解。

综上，基于似然比构成的鞅的重要抽样算法流程图如图4.2所示。

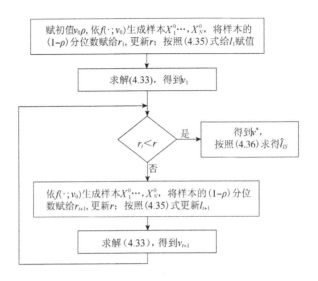

图4.2　基于似然比构成的鞅的重要抽样算法流程图

基于似然比构成的鞅的重要抽样算法过程步骤如下。

步骤1：赋初值 $v_0 = u$ ， $\rho = 0.1$ 。

步骤2：从重要抽样密度函数 $f(\cdot;v_{t-1})$ 中生成样本 $X_1\cdots,X_N$ ，计算样本的 $(1-\rho)$ – 分位数并赋值给 r_t ，当 $r_t < r$ 时，更新 r ，按照式（4.35）更新 l_t 。

步骤3：使用步骤2中的样本 $X_1\cdots,X_N$ 求解下面的极小化问题得到新解 v_t 。

$$
\begin{aligned}
&\min_{v_t} \left| E_{v_{t-1}} \left[\frac{l_{t-1}}{I_{\{s(X) \geqslant r_{t-1}\}}} \times W(X;v_t,v_{t-1}) \right] - 1 \right| \\
&= \min_{v_t} \sqrt{\left(E_{v_{t-1}} \left[\frac{l_{t-1}}{I_{\{s(X) \geqslant r_{t-1}\}}} \times W(X;v_t,v_{t-1}) \right] - 1 \right)^2}
\end{aligned}
\tag{4.37}
$$

步骤4：当 $r_t < r$ 时，迭代次数增加1，转步骤2；否则，结束循环，求出问题的解 v^* 。

步骤5：利用式（4.36）计算稀有事件概率。

4.2.3　仿真示例

由于此类问题没有标准算例，本节仍旧采用与第2章相类似的算例来验证本节算法的有效性。在某项工程中，关键路线上共有5个关键活动。令 Y^i 表示每一

个活动的工时，$s(Y)$ 表示这项工程总工期。令 $Y^i = |X^i|$，$X = (X^1\cdots, X^5)$，进而这项工程的总工期就可以表示成变量 X 的函数 $s(X)$，其值为 5 个变量之和，$s(X) = \sum_{i=1}^{5} |X^i|$。

要考虑的问题是总工期大于一个给定时间 r 的事件 $s(X) > r$ 的概率，即需要估计：

$$l = P(s(X) > r) = P(\sum_{i=1}^{5} |X^i| > r) = EI_{|\sum_{i=1}^{5} |x_i| > r|} \tag{4.38}$$

当 $r > r^*$ 时，$s(X) > r$ 是一个稀有事件，此处 $r^* = \arg(P(S(X) > r) = 10^{-5})$。在不影响算法有效性的前提下，考虑每项活动的工时分别服从均值为 0，方差为 1 的正态分布的情况。则 X 具有密度函数：

$$f(x; u) = (2\pi)^{-\frac{5}{2}} \exp\left(-\frac{\sum_{i=1}^{5} (x_i - u_i)^2}{2}\right) \tag{4.39}$$

此处 $u_i = 0$，要估计的重要抽样估计量为：

$$\hat{l}_{IS} = \frac{1}{N} \sum_{i=1}^{N} I'_{|s(X_i) \geq r|} W(X_i; u, v^*) \tag{4.40}$$

式中，N 为样本总数，$X_i = (X_i^1\cdots, X_i^5)$，$W(x; u, v)$ 为似然比函数，在本例中其等于：

$$W(x; u, v^*) = \exp\left(\frac{\sum_{i=1}^{5} [(x_i - v_i^*)^2 - (x_i - u_i)^2]}{2}\right) \tag{4.41}$$

通过求解问题极小化问题（4.33），求得 v^*，即通过下面的更新公式：

$$\min_{v_t} \left| E_{v_{t-1}} \left[\frac{l_{t-1}}{I_{|s(X) \geq r_{t-1}|}} \times W(X; v_t, v_{t-1}) \right] - 1 \right|$$

$$= \min_{v_t} \sqrt{\left(E_{v_{t-1}} \left[\frac{l_{t-1}}{I_{|s(X) \geq r_{t-1}|}} \times W(X; v_t, v_{t-1}) \right] - 1 \right)^2} \tag{4.42}$$

其中：

$$l_t = \frac{1}{N} \sum_{i=1}^{N} I'_{|s(X_i) \geq r_t|} W(X_i; u, v_{t-1})$$

$$= \frac{1}{N} \sum_{i=1}^{N} I'_{|s(X_i) \geq r_t|} \exp\left(\frac{\sum_{i=1}^{5} [(X_i - v_{t-1,i})^2 - (X_i - u_i)^2]}{2}\right) \tag{4.43}$$

当 r_t 等于给定的时间 r 时，即可得到 v^*。

本节对给定的两个 r 值 12 和 15 进行仿真，表 4.3 显示了仿真结果。表中 $\hat{l}$ 是 l 的估计量，N 是仿真次数，90% H. W. 表示 90% 置信区间半长。使用基于期望的重要抽样方法估计 $l = P(s(X) > r)$，本书同时用标准的蒙特卡罗仿真方法来估计 $l = P(s(X) > r)$，结果列于表 4.3。由于仿真试验具有随机性，所以对每种情况独立做了 100 次仿真试验，表中数据均取自 100 次独立试验的平均值。

表 4.3　基于 MC 方法与基于鞍的重要抽样方法仿真结果比较

r	方法	$\hat{l}$	90% H. W.	N
12	MC	$1.232\ 2 \times 10^{-5}$	$7.580\ 0 \times 10^{-6}$	200 000
	鞍	$2.245\ 6 \times 10^{-5}$	$5.427\ 5 \times 10^{-6}$	1 000
15	MC	——	——	5 000 000
	鞍	$1.532\ 3 \times 10^{-8}$	$3.250\ 6 \times 10^{-9}$	10 000

注：表中的"——"表示经过了 5 000 000 次抽样后，稀有事件没有发生，以至于无法建立有效的区间估计。

由表 4.3 的对比不难看出，当 $r = 12$ 时，传统的蒙特卡罗仿真算法需要进行 200 000 次仿真实验才可以得到置信区间半长为 $7.580\ 0 \times 10^{-6}$ 的估计量；而基于鞍的重要抽样方法在进行 1 000 次仿真实验后就可以得到置信区间半长为 $5.427\ 5 \times 10^{-6}$ 的估计量，计算时间大大减少。当 $r = 15$ 时，传统的蒙特卡罗仿真算法进行 5 000 000 次仿真实验后，仿真不到稀有事件。而本书提出重要抽样方法在进行 10 000 次仿真实验后，得到了令人满意的结果。可见本书提出的方法对于小概率事件的计算精度高于其他几种方法，所以对于稀有事件来说，本书提出的方法计算结果更可靠。

以上分析显示出本书算法与传统的蒙特卡罗仿真算法相比，仿真效率有明显提高。很显然，对于小概率事件传统的蒙特卡罗仿真方法无能为力，但是本书算法仍然可以在较少的仿真次数下得到理想的结果，由此验证本书提出的方法对于计算稀有事件概率这类问题的有效性。

4.3　本章小结

本章首先通过判断待确定的抽样密度函数与最优重要抽样密度函数比值

的期望是否为 1 的思想，提出一种新的基于期望的重要抽样方法，该算法将期望与重要抽样算法相结合，通过极小化抽样密度函数与最优重要抽样密度函数比值的期望与 1 之间的距离，来选取重要抽样分布函数，再根据最优重要抽样分布函数生成样本，得到稀有事件概率的估计量。

其次通过判断待确定的抽样密度函数与最优重要抽样密度函数构成的随机变量序列 $\{X_n, n \geqslant 0\}$ 关于 $\{Y_n, n \geqslant 0\}$ 是否为鞅，来判断 Y_n 的概率密度函数是否为最优重要抽样分布函数的思想，提出一种新的基于似然比构成的鞅的重要抽样方法。

最后，将仿真结果与标准的蒙特卡罗仿真方法进行比较，结果显示本书算法在估计稀有事件概率方面是有效的。

5

信用风险预警

随着《中华人民共和国外资银行管理条例》在 2006 年 12 月 11 日正式实施，中国将向外资银行开放对中国境内公民的人民币业务，并取消开展业务的地域限制以及其他非审慎性限制，履行加入世贸组织时关于对外资银行实行国民待遇的承诺。中国的商业银行将真正融入全球化的金融市场竞争之中。面对竞争，我们当然也有自己的优势，但是从我国现状来看，目前商业银行尚不具备推行内部模型的条件。但在金融全球化的新形势下，我国商业银行必须借鉴国际上先进的信用风险管理经验，开发适合自身特点的信用风险管理模型，强化信用风险管理，以适应《巴塞尔新资本协议》的需要。因此，结合我国信用风险管理的实际情况，构建过渡期间的信用风险识别模型，对控制和化解商业银行信用风险、提高我国银行业信用风险监管水平以及提升国际竞争力都有重大意义。

信用风险是指债务人的信用质量发生变化，致使投资或贷款到期时不能偿还本息或不能履行合约规定的义务而给银行带来的损失。近年来，随着全球范围内银行破产现象的日益增加，信用风险已成为金融界关注的焦点问题。对银行业来说，为信用风险准备的资本金要远远高于为市场风险准备的资本金，由此可见信用风险研究的重要性。早在 20 世纪 50 年代就提出了市场风险组合模型，之后，提出很多学术上的研究和金融界的应用，而信用风险组合在 20 世纪 90 年代以后才引起理论界和实务界的重视，相应的一些模型才被一些大的金融公司提出来。

科学合理地确定违约损失对于银行来说很重要。违约损失估计过高，不仅提高了银行的营运成本，而且还可能由此丧失一部分客户；而违约损失估计过低，将导致银行不能及时采取有效措施，从而使银行遭受更多意外的损失。在违约损失估计中，大损失小概率的估计受到人们的关注。

现有的信用风险测量文献中主要用结构化模型和简约化模型来刻画信用风险中的违约过程。结构化模型应用公司的结构化变量（如公司的资产、负债值）的变化来确定公司的违约时刻。默顿（Merton，1974）模型被视为经典的违约模型，它是公认的第一个结构化模型。在默顿的模型中，债务存续期间内，如果公司资产价值水平低于限定的债务价值水平，公司就违约。结构化模型框架中的第二种方法是由布莱克、考克斯（Black、Cox，1976）提出的，认为只要公司的资产价值低于某个临界值，公司就会违约。布莱克、考克斯模型同默顿模型相比较而言，违约能够在任意时间发生。简约化模型中不认为公司的违约与公司价值间有明确的联系。本书利用库普顿、芬格尔、巴蒂亚（Gupton、Finger、Bhatia，1997）提出的 Normal copula 模型研究违约损失。

5.1　信用风险研究现状

5.1.1　传统的风险分析方法

5.1.1.1　信用风险评级

国内商业银行信用风险评级起源较晚，发展也比较缓慢。6C 法是信用评级的传统模型，也是很多商业银行现行的信用评级方法的理论来源和基础。虽然这种简单的方式既包含定性也包含定量的分析，但是模型中常常忽略对关联交易的考虑，缺乏对资产质量变化的前瞻性。除此之外，往往国内银行的客户经理对模型的内涵不能充分地理解，不能认识到借款人内在的信用风险。因此，得出的信用的等级不能真实地反映借款人的实际状况，并且对贷款后的监察也带来困难。

通过分析国内和国外商业银行对信用风险管理状况，可以得出如下结论。

首先，在信用风险管理组织体系方面，国内的一些商业性银行通过与跨国银行融资合作的形式，利用其先进的管理模式与雄厚的资本金逐渐改进其组织体系的建设。

其次，在信用风险评级方面，虽然国内的商业银行也使用一些既有的定量计分法来给客户评级，可是往往评级结果的准确性不够，究其原因在于国内银行的大多数评级人员的综合素质并未达到应有的水平。因此，国内银行应该投入一定的费用用于培训员工的综合知识能力。

再次，相对于国外先进银行的风险管理系统，国内银行刚刚起步，应当注重数据质量问题。

最后，对于《新巴塞尔协议》，中国的国有银行还不能完全依照新的信用风险方法来计算信用性风险，但是从长远上来看，实施新协议是大势所趋，中国银行业必须要更加深化金融改革积极开发适合于银行内部的风险评级系统。

5.1.1.2　贷款评级方法

评级方法是目前国际上比较流行的方法，以美国为代表的对贷款的分级方法是把贷款分为5级：正常、关注、次级、可疑、损失。在实际应用中，为了更加精确地考察贷款的风险性大小，通常又将这5个等级细分为9级或10级，与对债券的评级具有一定的对应关系。目前我国对贷款正在实行的是5级分类制度，有的商业银行正在对此制度进行细分。对贷款进行分类也是现代信贷风险评估体系的一个重要组成部分。值得注意的是，对银行客户的信用评级不同于对贷款的评级，对客户的信用评级是对客户偿还银行贷款的历史记录、主观意愿和客观还款能力的综合评价。

5.1.1.3　信用评分方法

信用评分方法是通过一系列的财务比率指标，对客户的信用和贷款的状况进行评价的方法。在国际上有几个比较著名的评分模型，其中阿特曼（Altman）基于判别分析建立的 Z－score 模型和在此基础上建立的 Zeta 判别模型在国际上比较有名，该模型可以用于公司的困境分析和对商业银行的贷款评价，并对银行的贷款决策具有辅助功能。目前在美国已经成立了一家 Zeta 服务公司，使该模型得以商业化，广泛用于美国的商业银行，取得了巨大的经济效益。现在日本、德国、法国、英国、澳大利亚、加拿大等许多国家都沿用该模型的思想研制各自的判别模型。

另外还有 Logit 模型，它是采用一系列的财务比率来预测公司破产或违约概率的模型，银行可以根据自己的风险偏好设定风险警戒线来对客户进行风险性分析和决策。Logit 模型是基于 Logistic 函数建立的，与判别分析不同的是，它不要求正态分布的假设，在不满足正态分布的情况下其分辨率高于判别分析法的结果。

5.1.1.4　人工神经网络方法

在人工智能方法中，神经网络技术是一种对数据分布无任何要求的非线性技术，在解决非线性建模问题上具有天然优势，所以神经网络技术率先被引入信用风险评估中。人工神经网络是一种平行分散处理模式，除具有较好的模式识别能力外，还可以突破统计预警等方法的限制，因为其具有容错能力，对数据的分布要求不严格，具备处理资料遗漏或错误的能力。最可贵的是它具有学习能力，可随时依据新数据资料进行自我学习、训练，调整其内部的储存权重参数以对应多变的经济环境。由于人工神经网络具备上述良好的性质与能力，且已有文献表明人工神经网络的分类正确率高于判别分析法，它可作为解决经济预警的一个重要工具。

许多学者得出神经网络优于普通线性识别方法的结论，但是神经网络方法存在"黑箱性"（即不具解释性）、结构确定困难性、训练样本集大和训练效率低等缺点。阿特曼等发现神经网络方法有时优于线性判别方法，但由于神经网络会因过度训练而产生不合理的权重，从总体上看线性判别方法要优于神经网络方法。前向三层 BP 神经网络通常由输入层、输出层和隐藏层组成，被认为是最适用于模拟输入、输出的近似关系，因此它在 ANN 预警中被广泛应用。人工神经网络预警方法有两种方式：一种是通过人工神经网络方法预测，再和事先由专家根据一定标准确定的参考值进行比较确定警度；另一种是增加一个报警模块，经过一定处理之后直接给出预警结果。人工神经网络预警方法的实质是利用神经网络的预测功能实现经济预警。

5.1.1.5 极值理论法

自 1928 年费希尔、蒂珀（Fisher、Tipper）发现极值服从的渐进分布以来，极值统计学已经经历了近 90 年的发展，形成了许多成熟的理论。极值理论研究多应用在科技、工程等领域。随着理论的日益完善，詹金森（Jenkinson）把该理论应用于极值风险研究，建立了广义极值分布（generalized extreme value distribution）模型。皮卡（Pickands）等证明了经典的极限定理，该定理指出对超额数分布函数可以用广义 Pareto 分布拟合，为 20 世纪八九十年代完善建模做出了巨大贡献。龙根（Longin）开辟了将极值理论应用于风险管理的先河。极值分布理论主要包括两类模型，即传统的分块样本极大值模型 BMM（block maxima model）和近年来发展起来的 POT（peak over threshold）模型。BMM 模型主要是对组最大值（block maxima）建模，POT 模型则对观察值中所有超过某一较大临界点（threshold）的数据建模。

极值理论法的最大特点在于其直接处理损失分布的尾部，且没有对损失数据预先假设任何分布，而是直接利用数据本身。运用极值理论计量信用风险必须面对一系列的不确定性，包括：①参数不确定性，即使拥有充足的高质量的数据以及拥有很好的模型，参数估计仍存在标准误差；②模型不确定性，可能有很好的数据，但模型很差，利用极值法能处理好一类模型，但它们在较高的阈值上才适用，因而不得不考虑阈值的设定问题；③数据不确定性，从某种意义上讲，在极值分析中永远不会有充足的数据，因为只有少数数据点进入尾部区域。因此，情景分析在计量信用风险中仍占有重要地位。

总之，极值理论法在理论上是严密的，但是由于极值理论是根据大量的历史数据对未来的极端风险进行估计，在大量的样本数据下更有效。我国商业银行现阶段的情况恰恰是损失数据严重缺失。因此，基于信用风险数据缺乏的特点，极值理论法在我国现阶段不具有广泛的适用性，实际使用价值也不大。

5.1.1.6 Copula 函数

随机向量的联合分布函数是刻画随机向量概率性质的最好工具之一，它包含两方面的信息：一是变量的边缘分布信息；二是变量间相关结构的信息。设随机向量 $X = (X_1 \cdots , X_d)$ 的联合分布函数为 $F(x_1 \cdots , x_d)$ ，由联合分布函数很容易得到变量的边缘分布函数，在联合分布中除去边缘分布的信息后，就剩下相关结构的信息。如果存在函数 C ，使得：

$$F(x_1 \cdots , x_d) = C(F_1(X_1) \cdots , F_d(X_d)) \qquad (5.1)$$

式中，$F_i(X_i)$ ，$i = 1 \cdots , d$ 为边缘分布函数，则称 C 是联合分布函数 F 的 Copula，有时也称 C 为随机向量 $(x_1 \cdots , x_d)$ 的 Copula，且记为 C_X 。

Copula 函数法的主要思想是可以将一个联合分布分解成两部分：一部分是边际分布；另一部分是耦合函数 Copula。随机变量之间的相关性完全由耦合函数 Copula 决定，而分布的形状、比例（均值、标准差、偏性、峰度等）完全由各边际分布确定。因此，可以将 Copula 函数和原先分别获得的边际分布合成后而得到联合分布，并保持各边际风险的原有特征。也就是说，运用完全不同的解释变量、不同的变化频率、不同的模型获得的不同的风险分布，可以作为边际分布通过 Copula 函数合成的新的风险分布。这种合成不仅体现了变量之间相关关系的大小（相关系数），而且能够体现变量之间的相关性结构（Copula 函数）。

Sklar 定理：设 F 是随机向量 $(x_1 \cdots , x_d)$ 的联合分布函数，边缘分布函数分别为 $F_1 \cdots , F_d$ ，则存在一个 Copula 函数 C ，使得：

$$F(x_1 \cdots , x_d) = C(F_1(X_1) \cdots , F_d(X_d)) , -\infty \leqslant x_1 \cdots , x_d \leqslant +\infty \qquad (5.2)$$

成立。如果 $F_1 \cdots , F_d$ 都是连续分布函数，则 C 是唯一的；否则，C 在 $\mathrm{Ran}(F_1) \times \cdots \times \mathrm{Ran}(F_d)$ 上唯一确定（ $\mathrm{Ran}(F)$ 表示函数 F 的值域）。反之，如果 C 是一个 Copula 函数，$F_1 \cdots , F_d$ 都是一元分布函数，则由（5.2）定义的函数 $F(x_1 \cdots , x_d)$ 是一个边缘分布为 $F_1 \cdots , F_d$ 的 d 元联合分布函数。

该定理的重要作用在于该定理允许用边缘分布函数和 Copula 函数构造更多联合分布函数，而不是仅仅局限于多元正态分布或多元 t 分布。因此，对金融市场联合分布的建模可从边缘分布和相关结构两方面进行，可以将市场间包含的相关性的信息分离出来，用 Copula 函数进行深入研究。也就是说，可以先确定各个风险变量 X_i 的（不同）边际分布 $F_i(X_i)$，$i = 1\cdots, d$，并分别进行其边际分布函数的选择及参数的估计，再另外选择出合适的 Copula 函数，则可求得其联合概率分布。这种先将边际分布及相关结构分开单独处理，再加以整合的过程，能够帮助更加灵活有效地探讨各变量间的关系，进而估计出更合适的联合概率分布函数，作为风险度量的基础。

5.1.2 新兴的风险测量方法

5.1.2.1 KMV 模型

KMV 模型是由 KMV 公司（现已经被穆迪公司收购）开发的一种违约预测模型，它仅通过违约概率来估计信用风险，其理论基础是布莱克（1973），默顿（1974）以及赫尔和怀特（1993）的期权定价模型。

KMV 模型认为企业资产市场价值低于其总负债价值，是对企业破产而不是对违约的准确度量。实际上，当企业资产小于短期债务加上 50% 长期债务时，债务人就可能违约。企业违约概率，主要决定于其资产市场价值、负债账面价值和资产价值的波动率，资产未来市场价值的均值与违约点之间的距离就是违约距离，用资产市场价值标准差的倍数表示。根据企业违约历史数据，再依据违约距离 KMV 模型可推导出一个期望违约概率 EDF（expected default frequency），即为企业未来某一时期内的信用风险。

KMV 模型将违约概率直接与企业特征而不是初始信用等级联系在一起，使其违约风险对债务人的品质变化更加敏感。而且，KMV 模型既采用了财务数据，又采用了即时更新的市场数据，能迅速地捕捉到资本市场对企业资产质量的期望（假定市场是有效或半有效的），从而能更加全面反映上市公司的信用状况。该模型的主要缺陷在于以下几点：

第一，在贷款期限内，没有反映出公司资本结构可能发生的变化；

第二，违约距离与预期违约率之间的关系是 KMV 度量信用风险的关键，但它是基于美国数据得到的，未必适用于其他国家；

第三，假设利率是既定的，无法反映市场风险和经济环境的变化。

5.1.2.2 信用度量模型

信用度量模型（credit metrics）是银行业最早使用并对外公开的信用风险管理模型，它是 1977 年由墨根（Morgan）以及美洲银行、KMV 公司、瑞士联合银行等金融机构联合推出的信用度量技术，用于诸如贷款或私募债券等非交易性资产的信用风险估算。它对贷款和债券等信用资产组合价值的未来变化分布进行估计，并通过风险价值技术（VaR）来度量信用风险。信用度量模型认为，信用风险不仅仅表现为债务人的违约风险，还可表现为因债务人信用等级的变化而引起信用资产价值的变化，因此，信用风险度量的核心在于债务人信用等级转移矩阵的估算。为估算转移矩阵，信用度量模型必须做出两个关键假设：实际违约率等于历史违约率；同一等级的公司具有相同的违约率。

下面以单一债券的违约概率为例，计算其未来一年内的信用风险值，来示例说明信用度量模型的度量方法。现假定某债券的持续期限为 T（以 t 表示时间期限），债券等级划分为 m 级（用 j 表示信用等级）；根据不同信用等级的历史违约概率和利率预期理论，计算出信用等级为 j 的债券在第 t 年零息收益率 y_{jt}，因此该债券的本息现值可折算为：

$$V_j = \sum_{t=1}^{T} \frac{M_{jt}}{(1 + y_{jt})^t} \tag{5.3}$$

式中，M_{jt} 表示信用等级为 j 的债券在第 t 年的净现金流量。再根据未来一年内债券信用等级的转移概率 p_j，可得该债券的期望价值与方差分别为：

$$E(V) = \sum_{j=1}^{m} V_j \cdot p_j \tag{5.4}$$

$$\sigma_V^2 = \sum_{j=1}^{m} V_j^2 \cdot p_j - [E(V)]^2 \tag{5.5}$$

根据 VaR 计算方法的不同，信用度量模型计算该债券价值损失也有两种方法。

第一，假设债券价值变化服从正态分布。信用等级为 j 债券的非预期损失，就是债券现值 V_j 与债券期望价值 $E(V)$ 之间的差额，即相对 VaR。根据 Delta – Normal 计算方法，可得该债券在置信系数为 α 下的非预期损失，即为该债券的信用风险大小：

$$Loss = VaR = N^{-1}(\alpha) \cdot \sigma_V \tag{5.6}$$

第二，根据债券价值的历史实际分布，采用历史模拟或蒙特卡罗模拟方法以估计未来债券价值变化。模拟的方法需要累加该债券向最差信用等级转移的概率，直至等于或者近似等于给定的置信水平（$1 - \alpha$）。此时，可以得到与之相应的最低债券价值 V_L，它与债券期望价值 $E(V)$ 之差就是 VaR 值，即为度量的债券信用风险大小。

信用度量模型的主要缺陷在于以下几点：

第一，处于同一信用等级内的公司具有相同的违约率以及转移概率的假设，与未来实际情况不一定相符；

第二，假设无风险利率是事先决定的，导致计算出的 VaR 值无法反映市场风险和经济环境的变化。

信用度量模型的计算，核心在于信用等级转移概率的估算，它依赖于银行内部评级的历史数据或著名外部评级机构的评级结果，由于我国信用评级制度不健全，银行内部的评级体制仍然处于初步发展阶段，外部评级机构对国内企业的信用评级也是近几年才开始，没有形成足够规模的企业评级数据库。此外，我国债券市场尚不发达，还没有形成合理的无风险利率，而市场化的无风险利率是准确进行贷款定价的重要因素。这些因素都是当前形势下信用度量模型在我国应用的现实障碍。

5.1.2.3　信用风险附加模型

信用风险附加（credit risk ＋）模型是由瑞士银行金融产品开发部（credit suisse financial products）1977 年推出的信用风险评价模型。它应用了保险经济学中的精算方法来计算债券或贷款组合的损失分布，且假定违约率是随机的，可以在信用周期内显著地波动。与信用度量、KMV 模型都以资产价值作为信用风险驱动因素不同，信用附加模型只考虑了违约风险本身，不对违约成因做任何假设（如假定债务人违约率服从泊松分布，与公司资本结构无关）。因此，信用附加模型是一种典型的违约率模型，其使用一个连续随机变量来描述客户的违约风险（这意味着其信用等级是随时间连续变化的），并以风险价值 VaR 技术来估计信贷组合的非预期损失，即其信用风险的大小。

相对于其他模型，信用附加模型的最大优点是输入的数据少，基本上只需要贷款组合中各组的风险暴露额、违约率及违约波动率。信用附加模型的主要缺陷在于以下几点：

第一，对于单项债务人违约率高低的原因不做深究，但他们之间却可能存在较高的关联性；

第二，没有考虑债务人的财务特征及经济环境的变化；

第三，假定每笔贷款的信用风险暴露在计算期间内固定不变，不符合实际情况。

5.1.2.4 信贷组合观点 CPV 模型

1998 年 McKinsey 公司提出的 CPV 模型（credit portfolio view）是一个多因子模型，它根据诸如失业率、GDP 增长率、利率、政府支出等宏观因素，运用经济计量学和蒙特卡罗技术对每个国家不同行业中不同等级的违约概率和转移概率的联合条件分布进行模拟。违约概率和转移概率，都与宏观经济紧密相连，当宏观经济状况好转时，信用升级且违约率减小；当宏观经济状况恶化时，信用降级且违约率升高。然后，再在该条件下计算其风险价值，确定防范信用风险所需的经济资本。

CPV 模型对违约概率的估算方法如下。

假定 j 国家或行业的经济状况可由 m 个宏观经济变量 $X_{jt} = (X_{j1t}, X_{j2t} \cdots, X_{jmt})$ 加以描述，并由多因素模型构建综合宏观经济指数为：

$$y_{jt} = \beta_{j0} + \beta_{j1} X_{j1t} + \cdots + \beta_{jm} X_{jmt} + \nu_{jt} \tag{5.7}$$

式中，$\beta_j = (\beta_{j0}, \beta_{j1} \cdots, \beta_{jm})$ 是待估参数；假定误差项 ν_{jt} 独立于解释变量 X_{jt} 且服从正态分布，即有 $\nu_{jt} \sim N(0, \sigma_j^2)$，且误差向量 $\nu_t \sim N(0, \sum_\nu)$，$\sum_\nu$ 为误差向量构成的协方差矩阵。CPV 模型还假定，各个宏观经济变量 X_{jit} 均服从二阶自回归过程：

$$X_{jit} = \gamma_{ji0} + \gamma_{ji1} X_{ji,t-1} + \gamma_{ji2} X_{ji,t-2} + e_{jit} \tag{5.8}$$

式中，误差项 e_{jit} 独立于滞后项 $X_{ji,t-1}$ 与 $X_{ji,t-2}$，且满足：

$$e_{jit} \sim N(0, \sigma_e^2), \ e_t \sim N(0, \sum_e) \tag{5.9}$$

e_t 为误差项 e_{jit} 构成的误差向量，$\sum_e$ 为误差向量构成的协方差矩阵。CPV 模型认为 j 国家或行业在 t 时刻的违约概率由它所处的宏观经济状况决定，为确保违约概率处于 $[0,1]$ 之内，通过 Logit 变换构建违约概率 p_{jt} 与宏观经济综合指数 Y_{jt} 之间的关系可得：

$$p_{jt} = \frac{1}{1 + e_{jt}^{-Y}} \tag{5.10}$$

CPV 模型的最大优点在于其对信用等级转移矩阵可进行动态调整；它对经济衰退和扩张时期的违约概率进行了调整，模型中的违约概率和转移概率都同宏观经济状况紧密相连，有利于提高信用风险度量的精确性。CPV 模型认为信用质量的变化是宏观经济因素变化的结果，这一点与信用度量模型在计算等级相关性的时候具有类似特征，不过它是采用多因素模型来模拟违约率和等级转移概率的联合条件分布。需要指出的是，CPV 模型特别适用于投机型债务人，因为投机型债务人比投资型债务人的等级变化对宏观经济因素的变化更敏感。

CPV 模型的主要缺陷在于以下几点：

第一，企业违约概率的大小，未必只受宏观经济因素的影响，还可能受微观经济的影响；

第二，对企业信用等级变化的调整是基于银行信贷积累的经验和对信贷周期的判断，仍有较强的主观性；

第三，模型的估计需要国家和行业大量的长期历史数据，这使得模型的应用受到一定限制。

5.1.3 已有方法的不足

无论是传统的多元判别分析、神经网络模型及基于资本市场的信用风险度量模型，还是近年来兴起的信用度量模型、KMV 模型、信用风险附加以及 CPV 模型等内部评级模型，都对中国商业银行的信用风险管理具有一定的借鉴意义。但是，由于我国实行贷款 5 级分类的时间还不长，过去长期仅仅依赖信贷员个人经验为主的信贷评估方式还没有根本性的转变，信用数据库与信用评级体系建设还很不成熟，缺乏专门的信息收集、加工处理和分析系统。

此外，我国还没有完成利率市场化改革，股票市场投机氛围较浓无法提供有效的资本市场信息，这些现实因素，都制约着信用风险度量模型在我国的直接应用。

随着企业信用数据库的逐渐积累以及相关改革的深化，我国银行业应用信用风险度量模型也是一种必然趋势，它必将在很大程度上增强商业银行贷款定价的科学性，准备金和资本金计提的科学性，从而提高我国商业银行的风险管理水平和经营绩效。

5.2 仿真示例 1

在当前的金融创新环境下，信用风险是现代金融机构管理和监管的重点。20 世纪 90 年代中叶发生的几起震惊世界的银行和金融机构危机大案——巴林银行倒闭、大和银行破产，使得人们更加关注银行业所面临的风险。

系统仿真是风险评价的一种重要手段，本节针对商业银行信用风险预警问题，提出了一种基于稀有事件仿真的信用风险评估方法。采用上市公司未偿还贷款的概率作为衡量信用风险高低的标准，构造基于稀有事件的商业银行信用风险识别模型，利用交叉熵方法构建一种稀有事件仿真的有效算法，并由此估计出发生损失的概率。实证分析结果表明，模型对商业银行信用风险具有很强的识别能力，从而提供了一个风险预警的新视角。

5.2.1 确定样本

考虑企业所属行业种类覆盖的全面性、数据的可获得性、可验证性等要求，本书按照证监会行业分类选取了 34 类行业的上市公司，共计 1 422 家样本。行业分类如表 5.1 所示。

表 5.1 证监会行业分类代码与名称对照表

行业代码	证监会行业名称	行业代码	证监会行业名称
A01	农业	B01	煤炭采选业
C0	食品饮料	C01	食品加工业
C03	食品制造业	C05	饮料制造业
C11	纺织业	C13	服装及其他纤维制品制造业
C31	造纸及纸制品业	C43	化学原料及化学制品制造业
C47	化学纤维制造业	C49	塑料制造业
C5	电子	C51	电子元器件制造业
C55	日用电子器具制造业	C61	非金属矿物制品业
C65	黑色金属冶炼及压延加工业	C67	有色金属冶炼及压延加工业
C69	金属制品业	C71	普通机械制造业
C73	机械、设备、仪表专用设备制造业	C75	铁路运输设备、摩托车、船舶、航空航天器、汽车、自行车及其他交通运输设备制造业，其他通用零部件制造业
C76	电机、照明器具、电工器械、输配电及控制设备、日用电器、其他电器机械制造业	C78	仪器仪表及文化、办公用机械制造业
C81	化学药品原药制造业，中药材及中成药加工业，生物药品制造业	C85	生物制品业
C99	其他制造业	D01	电力、蒸汽、热水的生产和供应业
E	建筑业	E01	土木工程建筑业
F11	交通运输辅助业	G	信息技术业
G81	通信相关设备制造业	H	批发和零售贸易

选取的公司涵盖大部分所有制属性。在进行判别分析时，从每个行业选出
10 家公司，共计 340 家。将这 340 家企业划分成两类：一类为正常企业样本，
共计 306 家；另一类为非正常企业样，由其余的 34 家构成。数据来源于 CCER
中国经济研究服务中心 http://www.ccerdata.com/，原始数据列于附录 A。

5.2.2　指标的选取

指标的选取对模型的有效性有着重要的影响，为了保证指标的完备性，
根据数据库信息分别从公司的盈利能力、经营能力、短期偿债能力、长期偿
债能力 4 个方面计算了 14 个财务指标作为预警系统的解释变量（如表 5.2 所
示）。这些指标的选取原则以能全面反映公司财务状况为基础，充分借鉴参考
了国内外这一领域的前期研究成果，如阿特曼的 Z - 评分模型采用的预测变
量、标准普尔公司采用的评级财务指标以及中国四部委联合发布的工商类竞
争性企业绩效评价指标体系中的指标等。

表 5.2　信用风险预警监测指标

指标类型	监测指标
盈利能力	主营业务收入：企业（集团）从事某种主要生产、经营活动所取得的营业收入
	总资产：企业拥有或控制的全部资产，包括流动资产、长期投资、固定资产、无形及递延资产、其他长期资产、递延税项等，即为企业资产负债表的资产总计项
	股东权益：公司总资产中扣除负债所余下的部分。股东权益是一个很重要的财务指标，它反映了公司的自有资本。当总资产小于负债金额，公司就陷入了资不抵债的境地，这时公司的股东权益便消失殆尽；相反，股东权益金额越大，这家公司的实力就越雄厚。股东权益包括五个部分：股本、资本公积、盈余公积、法定公益金、未分配利润
	净资产收益率（净利润）：净资产收益率是衡量上市公司盈利能力最直接最有效的指标。这一指标反映了股东权益的收益水平，是一个综合性最强的财务比率。这里净资产收益率计算过程中的利润部分采用税后净利润，其计算公式为：净资产收益率（净利润）= 净利润/股东权益合计
	净利润率：净利润与主营业务收入的比率。净利润率分析：①该指标反映每一元销售收入带来的净利润的多少，表示销售收入的收益水平；②销售利润率能够分解成为销售毛利率、销售税金率、销售成本率、销售期间费用率，可以做进一步分析。其计算公式为：净利润率 = 净利润/主营业务收入净额

指标类型	监测指标
经营能力	存货周转率：主营业务成本与平均存货的比值，也叫存货的周转次数，其计算公式为：存货周转率＝主营业务成本/［（当年存货净额＋前一年存货净额）/2］。它是衡量和评价公司购入存货、投入生产、销售收回等各环节管理状况的综合性指标。一般来讲，存货周转速度越快，存货的占用水平越低，流动性越强，存货转换为现金或应收账款的速度越快
	应收账款周转率：主营业务收入与平均应收账款的比值。它反映年度内应收账款转为现金的次数，说明应收账款流通的速度。其计算公式为：应收账款周转率＝主营业务收入净额/［（当年应收账款＋前一年应收账款）/2］。一般来说，应收账款周转率越高，平均收账期越短，说明应收账款的回收越快；否则公司的营运资金过多地留在应收账款上，影响正常的资金周转
	资产周转率：主营业务收入与平均资产总额的比值。其计算公式为：资产周转率＝主营业务收入净额/［（当年资产合计＋前一年资产合计）/2］。本指标反映资产总额的周转速度，周转越快，销售能力越强
	固定资产周转率：主营业务收入与全部固定资产的平均余额的比值。其计算公式为：固定资产周转率＝主营业务收入净额/［（当年固定资产合计＋前一年固定资产合计）/2］
短期偿债能力	净营运资金：测量按照面值将流动性资产转换成现金清偿全部流动性负债后，剩余的货币量。净营运资金越多，意味着企业偿还短期债务的可能性越大。其计算公式为：净营运资金＝流动资产合计－流动负债合计
	流动比率：流动资产与流动负债的比值。其计算公式为：流动比率＝流通资产/流动负债。流动资产是指可以在一年或者超过一年的一个营业周期内变现或者耗用的资产，包括存款、短期投资、应收账款、存货等。流动负债是指可以在一年或者超过一年的一个营业周期内偿还的债务。流动性比率是最常用的财务指标，它衡量企业偿还短期债务的能力。在正常情况下，流动比率应该大于1，流动比率越高，企业偿还短期债务的能力越强
	速动比率：企业在一定经营期间的速动资产与流动负债的比率。其中速动资产是流动资产减去存货的金额。速动比率可反映流动财务状况的比率，是衡量企业流动资产中可以立即用于偿付流动负债的能力。速动比率的计算公式为：速动比率＝（流动资产－存货）/流动负债。其中，存货是指企业在生产经营过程中为销售或者耗用而储存的各种物资，包括商品、产成品、半成品、在产品以及原材料等。速动比率的标准一般应保持1∶1，根据目前的情况达到60%以上即可。流动比率大，速动比率小时，说明企业存货过多

续表

指标类型	监测指标
长期偿债能力	股东权益比率的计算公式为：资本充足率＝股东权益合计/资产合计。负债是企业所承担的能够以货币计量、需要以资产或者劳务偿付的债务。股东权益是股东对企业净资产的所有权，包括股东对企业的投入资本以及形成的资本公积、盈余公积金和未分配利润等。企业的债务资本比率不应该大于1.5，若债务资本比率大于1.5，说明企业的债务负担过重，已经超过资本基础的承受能力
	债务资产比率：又称资产负债率，反映负债总额与资产总额之间的比率关系，即债权人提供的资本占全部资本的比例。其计算公式为：债务资产比率＝负债合计/资产合计

输入数据时，本书做了如下处理：首先需要对原始数据进行归一化处理，将它们转化为闭区间 $[0，1]$ 上的无量纲指标，本书采取 Z – score 方法进行归一化；再将每个分类的指标平均分配权重作加权处理，表5.3 中列出了部分输入的数据，全部输入的数据列于附录 C。

表5.3　预警监测指标输入数据

风险等级	盈利能力	经营能力	短期偿债能力	长期偿债能力
正常企业	0.616	0.815 0	0.513 333	0.500
	0.568	0.545 0	0.513 333	0.500
	0.554	0.470 0	0.443 333	0.495
	0.502	0.477 5	0.573 333	0.490
	0.480	0.457 5	0.616 667	0.500
	0.576	0.495 0	0.483 333	0.495
	0.554	0.485 0	0.390 000	0.495
	0.500	0.470 0	0.483 333	0.500
	0.480	0.490 0	0.466 667	0.505
	0.654	0.455 0	0.750 000	0.500
	0.452	0.427 5	0.393 333	0.505
	0.382	0.545 0	0.540 000	0.505
	0.524	0.702 5	0.460 000	0.495
	0.542	0.632 5	0.536 667	0.500
	0.482	0.475 0	0.370 000	0.505

续表

风险等级	盈利能力	经营能力	短期偿债能力	长期偿债能力
正常企业	0.472	0.527 5	0.496 667	0.500
	0.492	0.445 0	0.416 667	0.495
	0.522	0.560 0	0.473 333	0.505
	0.484	0.522 5	0.630 000	0.495
	0.556	0.555 0	0.666 667	0.505
	0.488	0.442 5	0.483 333	0.500
	0.506	0.520 0	0.386 667	0.505
	0.554	0.512 5	0.563 333	0.510
非正常企业	0.358	0.455 0	0.393 333	0.500
	0.360	0.397 5	0.403 333	0.510
	0.450	0.430 0	0.350 000	0.510
	0.460	0.457 5	0.466 667	0.510
	0.482	0.472 5	0.446 667	0.510
	0.326	0.480 0	0.426 667	0.505
	0.420	0.407 5	0.316 667	0.505
	0.376	0.460 0	0.396 667	0.500
	0.496	0.402 5	0.400 000	0.500
	0.462	0.412 5	0.366 667	0.490
	0.530	0.425 0	0.343 333	0.495
	0.428	0.505 0	0.383 333	0.505
	0.402	0.510 0	0.440 000	0.515
	0.482	0.450 0	0.450 000	0.515
	0.452	0.562 5	0.466 667	0.510
	0.496	0.535 0	0.380 000	0.500
	0.508	0.385 0	0.493 333	0.505
	0.502	0.447 5	0.526 667	0.490
	0.424	0.385 0	0.393 333	0.510
	0.424	0.472 5	0.410 000	0.505
	0.422	0.430 0	0.470 000	0.510
	0.398	0.442 5	0.380 000	0.505
	0.470	0.412 5	0.366 667	0.505

5.2.3 基于稀有事件仿真的预警方法

风险识别是风险预警理论的基础，所有的早期预警系统（early warning system，EWS）都首先要求对危机有个定量的判别标准，即满足什么条件，视为危机发生了，然后才能判定预警模型中危机变量的取值，因此首先要找出危机发生的极值点。

从商业银行贷款违约事件本身来考虑问题，就等价于是一个稀有事件；从其违约事件发生概率的角度来看，就等价于预测稀有事件的概率。预测稀有事件的概率正是交叉熵方法最擅长的领域。因此，交叉熵方法应用于信用风险预警是可行的。应用交叉熵方法来构建预警模型主要包括三部分：

（1）首先选择各个指标的综合得分作为评价函数，即 $\sum weight \times index$，通过预抽样，得出评价函数的临界值 R，若事件 $\sum weight \times index < R$ 发生，则认为该公司会发生违约。因此，可定义评价函数 $s(x) = -\sum weight \times index$，稀有事件发生的临界值 $r = -R$；根据标准普尔信用评级发布的《亚洲区 2005 年年度企业债务违约研究与评级变动报告》，相对于全球的 0.6% 违约率，2005 年年底受评级的亚洲企业（包括银行和保险公司）的债务违约率为 0.28%。因此，在确定初始临界值 r 时，可取其为排名后 0.28% 企业的综合得分。在不影响模型有效性的前提下，假设初始指标权重依指数分布选取，并通过对现有样本的学习得出最终指标权重参数值。具体过程可见下面算法步骤 2。

（2）利用求得的评价函数临界值，确定违约概率，进而估计出违约概率的临界值。

（3）预测检验样本危机发生概率，给出是否会发生违约事件的结论，并给出误判率。

不难看出，模型的关键是要确定各个指标的权重参数值及违约概率。

综上，本书所建立的基于稀有事件仿真方法的信用风险预警系统的算法步骤如下。

步骤 1：对系统进行预抽样，估计评价函数的临界值 R，从而得到稀有事件发生的临界值 r。

步骤 2：利用交叉熵方法分别计算正常企业的违约概率 l 和非正常企业的

违约概率 $\hat{l}$ 。

步骤2.1，赋初值 $v_0 = u$ ， $\rho = 0.1$ ， $N^{elite} = 0.3 \times N$ 。

步骤2.2，从重要抽样密度函数 $f(\cdot;v_{t-1})$ 中生成样本 $X_1 \cdots , X_N$ ，计算样本的 $(1 - \rho)$ －分位数并赋值给 r_t ，当 $r_t < r$ 时，更新 r 及目前为止得到的 N^{elite} 个样本。

步骤2.3，使用步骤2.2中的样本 $X_1 \cdots , X_N$ 求解问题（4.35）得到新解 v_t 。

步骤2.4，当 $r_t < r$ 时，迭代次数增加1，转步骤2.2，否则，结束循环，求出问题的解 v^* 。

步骤2.5，利用式（2.4）计算稀有事件概率。

步骤3：估计样本违约概率的临界值。

步骤4：计算检验样本的违约概率，确定是否有风险。

步骤5：给出误判率。

基于稀有事件仿真方法的信用风险预警系统的算法流程如图5.1所示。

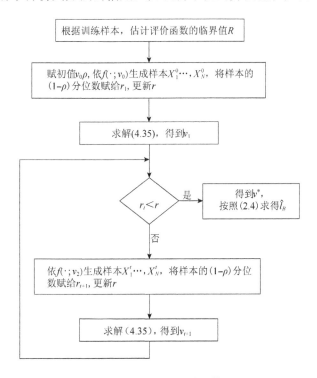

图5.1 基于交叉熵的重要抽样算法流程图

5.2.4 仿真分析

对检验样本进行判别，按照 5.2.3 节算法得出稀有事件发生的临界值 $r = -0.401$，正常企业违约概率的临界值 $\bar{l} = p(s(x) > r) = 3.0306 \times 10^{-5}$，非正常企业违约概率的临界值 $\hat{l} = p(s(x) > r) = 0.19$。可见，当输出结果小于 $\bar{l}$ 时，表示其为正常企业样本；当输出结果大于违约概率临界值 $\bar{l}$ 且小于 $\hat{l}$ 时，表示不能确定其为正常企业样本或者是非正常企业样本；当输出结果大于 $\hat{l}$ 时，则表示其为非正常企业样本，如表 5.4 所示，原始数据列于附录 B。

表 5.4　检验样本仿真结果

风险等级	盈利能力	经营能力	短期偿债能力	长期偿债能力	违约概率	判断结果
正常企业	0.712	0.507 5	0.646 667	0.510	0.000 000 000 0	S
	0.518	0.600 0	0.440 000	0.510	0.035 180 000 0	F
	0.504	0.537 5	0.600 000	0.505	0.000 000 000 0	S
	0.516	0.575 0	0.530 000	0.505	0.000 000 000 0	S
	0.522	0.525 0	0.696 667	0.505	0.000 000 000 0	S
	0.578	0.527 5	0.503 333	0.505	0.000 000 000 0	S
	0.520	0.512 5	0.540 000	0.500	0.000 000 458 6	S
	0.710	0.540 0	0.480 000	0.505	0.000 000 000 0	S
	0.586	0.585 0	0.486 667	0.510	0.000 000 000 0	S
	0.512	0.710 0	0.450 000	0.505	0.000 884 200 0	F
	0.494	0.705 0	0.533 333	0.505	0.000 011 390 0	S
	0.568	0.542 5	0.436 667	0.505	0.002 061 000 0	F
	0.508	0.562 5	0.496 667	0.505	0.000 000 000 0	S
	0.502	0.510 0	0.700 000	0.505	0.000 000 000 0	S
	0.498	0.590 0	0.486 667	0.510	0.000 030 100 0	S
	0.484	0.655 0	0.490 000	0.515	0.002 055 000 0	F
	0.558	0.580 0	0.616 667	0.490	0.000 056 540 0	F
	0.498	0.585 0	0.670 000	0.500	0.000 001 934 0	S
	0.556	0.520 0	0.476 667	0.500	0.000 010 290 0	S

续表

风险等级	盈利能力	经营能力	短期偿债能力	长期偿债能力	违约概率	判断结果
	0.512	0.650 0	0.490 000	0.505	0.000 000 000 0	S
	0.594	0.575 0	0.553 333	0.505	0.000 000 000 0	S
	0.542	0.505 0	0.476 667	0.505	0.000 017 610 0	S
	0.578	0.590 0	0.690 000	0.495	0.000 003 142 0	S
	0.692	0.510 0	0.510 000	0.500	0.000 000 432 8	S
	0.636	0.687 5	0.603 333	0.505	0.000 000 000 0	S
	0.660	0.522 5	0.616 667	0.500	0.000 000 000 0	S
	0.586	0.572 5	0.500 000	0.500	0.000 000 177 5	S
	0.606	0.562 5	0.440 000	0.510	0.003 760 000 0	F
	0.592	0.665 0	0.500 000	0.500	0.000 000 000 0	S
	0.516	0.650 0	0.456 667	0.510	0.000 503 900 0	F
	0.540	0.570 0	0.533 333	0.505	0.000 000 000 0	S
	0.602	0.752 5	0.346 667	0.520	0.010 340 000 0	F
	0.494	0.562 5	0.713 333	0.505	0.000 030 270 0	S
正常企业	0.488	0.577 5	0.600 000	0.510	0.000 340 700 0	F
	0.514	0.535 0	0.493 333	0.500	0.000 030 020 0	S
	0.584	0.630 0	0.460 000	0.505	0.000 000 000 0	S
	0.656	0.752 5	0.690 000	0.500	0.000 000 000 0	S
	0.550	0.517 5	0.696 667	0.495	0.000 016 440 0	S
	0.526	0.672 5	0.466 667	0.500	0.008 696 000 0	F
	0.562	0.547 5	0.520 000	0.495	0.000 018 690 0	S
	0.544	0.520 0	0.840 000	0.510	0.000 000 000 0	S
	0.506	0.505 0	0.710 000	0.500	0.000 001 084 0	S
	0.498	0.547 5	0.646 667	0.505	0.000 000 000 0	S
	0.502	0.540 0	0.596 667	0.495	0.000 139 300 0	F
	0.498	0.687 5	0.530 000	0.515	0.000 000 000 0	S
	0.492	0.597 5	0.560 000	0.510	0.000 013 500 0	S
	0.526	0.527 5	0.490 000	0.505	0.000 000 000 0	S
	0.546	0.545 0	0.540 000	0.505	0.000 000 000 0	S

续表

风险等级	盈利能力	经营能力	短期偿债能力	长期偿债能力	违约概率	判断结果
正常企业	0.494	0.507 5	0.703 333	0.515	0.000 021 540 0	S
	0.526	0.610 0	0.503 333	0.510	0.000 000 000 0	S
非正常企业	0.468	0.445 0	0.473 333	0.505	0.295 378 000 0	S
	0.410	0.475 0	0.376 667	0.500	0.495 176 000 0	S
	0.506	0.470 0	0.406 667	0.450	0.250 033 000 0	S
	0.466	0.480 0	0.450 000	0.495	0.132 691 000 0	F
	0.544	0.445 0	0.343 333	0.505	0.205 344 000 0	S
	0.432	0.545 0	0.546 667	0.475	0.081 811 000 0	F
	0.456	0.410 0	0.523 333	0.510	0.636 479 000 0	S
	0.328	0.425 0	0.460 000	0.500	0.796 923 000 0	S
	0.444	0.505 0	0.443 333	0.470	0.235 846 000 0	S
	0.480	0.425 0	0.423 333	0.495	0.262 170 000 0	S
	0.480	0.435 0	0.500 000	0.505	0.146 219 000 0	F
	0.388	0.617 5	0.383 333	0.500	0.160 843 000 0	S
	0.480	0.492 5	0.410 000	0.500	0.201 101 000 0	S
	0.522	0.507 5	0.350 000	0.505	0.037 558 000 0	F
	0.372	0.450 0	0.440 000	0.505	0.436 870 000 0	S
	0.462	0.477 5	0.463 333	0.500	0.138 015 000 0	F
	0.410	0.440 0	0.373 333	0.500	2.459 787 000 0	S
	0.478	0.432 5	0.430 000	0.505	0.233 152 000 0	S
	0.472	0.415 0	0.483 333	0.490	0.344 148 000 0	S
	0.448	0.440 0	0.410 000	0.505	0.376 274 000 0	S
	0.402	0.450 0	0.616 667	0.505	0.207 200 000 0	S
	0.486	0.465 0	0.393 333	0.520	0.311 906 000 0	S
	0.556	0.365 0	0.563 333	0.500	0.162 136 000 0	S
	0.506	0.402 5	0.560 000	0.500	0.152 060 000 0	S
	0.386	0.520 0	0.533 333	0.515	0.206 658 000 0	S
	0.472	0.455 0	0.473 333	0.505	0.177 710 000 0	S
	0.470	0.397 5	0.473 333	0.510	0.412 942 000 0	S

续表

风险等级	盈利能力	经营能力	短期偿债能力	长期偿债能力	违约概率	判断结果
	0.492	0.402 5	0.463 333	0.490	0.289 852 000 0	S
	0.480	0.400 0	0.553 333	0.500	0.237 931 000 0	S
	0.436	0.537 5	0.456 667	0.490	0.340 676 000 0	S
	0.412	0.460 0	0.416 667	0.505	0.424 293 000 0	S
	0.450	0.595 0	0.330 000	0.480	0.092 048 000 0	F
	0.408	0.400 0	0.336 667	0.505	0.693 210 000 0	S
	0.506	0.372 5	0.500 000	0.505	0.258 298 000 0	S
	0.426	0.412 5	0.526 667	0.510	0.363 616 000 0	S
	0.438	0.452 5	0.403 333	0.490	0.474 016 000 0	S
	0.484	0.450 0	0.453 333	0.505	1.396 750 000 0	S
	0.458	0.560 0	0.320 000	0.495	0.278 642 000 0	S
非正常企业	0.336	0.390 0	0.453 333	0.505	0.750 887 000 0	S
	0.444	0.377 5	0.470 000	0.495	0.430 933 000 0	S
	0.370	0.455 0	0.716 667	0.505	0.200 493 000 0	S
	0.514	0.470 0	0.486 667	0.490	0.091 023 000 0	F
	0.446	0.470 0	0.390 000	0.500	0.436 041 000 0	S
	0.338	0.450 0	0.463 333	0.510	0.853 189 000 0	S
	0.448	0.462 5	0.466 667	0.505	0.213 385 000 0	S
	0.434	0.490 0	0.463 333	0.500	0.275 897 000 0	S
	0.376	0.427 5	0.603 333	0.510	0.325 448 000 0	S
	0.488	0.462 5	0.340 000	0.475	0.485 281 000 0	S
	0.464	0.455 0	0.473 333	0.500	0.177 233 000 0	S
	0.380	0.435 0	0.403 333	0.515	0.413 836 000 0	S

注：在表中，S表示检验成功，F表示未能成功检验。

　　用检验样本集来检验算法的判别精度，本书采用两类错误来度量：第一类错误指未能鉴别出正常企业；第二类错误指未能鉴别出非正常企业。结果如表5.5所示。

表 5.5　检验样本判别结果

第一类错误比率	第二类错误比率	总误判率
22%	14%	18%

分析表 5.5 可知，模型对第一类错误的误判概率为 22%，第二类错误的误判概率为 14%，计算得出模型的总误判率为 18%。不难看出，第二类错误更为严重，因为它未能正常鉴别出非正常企业，如果出现了第二类错误，银行的贷款将有可能无法收回，容易形成坏账损失，而如果出现了第一类错误，银行至多是损失利息收入，因而第二类错误的误判代价比第一类错误大得多。本模型的第一类错误概率比第二类错误百分比率大。

检验结果表明实际输出和期望输出一致，因此可以用此预警系统模型对商业银行贷款危机进行预警、监测和分析。

在估计正常企业违约概率时，传统的蒙特卡罗仿真算法需要进行 1 000 000 次仿真试验才可以得到置信区间半长为 $2.789\ 4 \times 10^{-5}$ 的估计量；而基于交叉熵技巧的重要抽样方法在进行 10 000 次仿真试验后就可以得到置信区间半长为 $6.883\ 3 \times 10^{-6}$ 的估计量，显然后者的仿真结果更可靠。从仿真效率来看，通过使用优化后的参数向量计算，仿真时间仅需 11s，程序由 Matlab 实现。然而，在使用传统的蒙特卡罗方法时，要得到有效的试验结果需要的仿真时间为 90 000s。改变参数向量之后，仿真时间缩短了大约 1/818，这大大提高了工作效率（如表 5.6 所示）。

表 5.6　基于 MC 方法与基于 CE 的重要抽样方法仿真结果比较

方法	违约概率	N	运算时间（s）	90% 置信区间半长
MC	$3.880\ 0 \times 10^{-5}$	1 000 000	9 000	$2.789\ 4 \times 10^{-5}$
CE	$3.030\ 6 \times 10^{-5}$	10 000	11	$6.883\ 3 \times 10^{-6}$

以上分析显示出本书算法与传统的蒙特卡罗仿真算法相比，无论是仿真效率还是仿真结果的精度都有明显提高。很显然，对于小概率事件传统的蒙特卡罗仿真方法需要的仿真次数相当巨大甚至无法得出有效的结论，但是本书算法仍然可以在较少的仿真次数下得到理想的结果。

5.3 仿真示例2

现代信用风险管理的一个主要难题就是以组合的观点构建多个债务人的损失分布。蒙特卡罗仿真方法是用来寻找损失分布普遍使用的工具之一。但如果要衡量的是一个稀有事件问题的损失分布，蒙特卡罗仿真方法的效率就会很低，所以采用方差衰减办法以提高效率。3.1 节提出的基于鞅的重要抽样方法可以有效地提高稀有事件仿真的抽样效率。基于以上观点，本节首先建立基于组合信用风险的模型，在模型中，用多变量的潜在正态向量来描述债务人之间的相关性；其次，用基于鞅的重要抽样方法求解。

5.3.1 模型简述

恰当地描述债务人之间的相关性是构建组合信用风险模型的关键步骤。本节利用卡普顿费、格尔贝、蒂亚提出的 Normal copula 模型研究违约损失。模型中的参数定义如下：

m ——债务人的个数；

Y_k ——第 k 个债务人的违约指标；

p_k ——第 k 个债务人的无条件违约概率；

c_k ——第 k 个债务人违约时的损失程度；

$s = c_1Y_1 + c_2Y_2 + \cdots + c_mY_m$ ——违约人的总损失程度。

在模型中假设每个债务人的无条件违约概率 p_k 和每个债务人违约时的损失程度 c_k，$k = 1,2\cdots,m$ 已知，从而可以得到 c_kY_k 的分布函数。本节的目的是要估计债权人总的损失 $s = c_1Y_1 + c_2Y_2 + \cdots + c_mY_m$ 大于某一给定的数 r 的概率，即 $P\{s(Y) > r\}$。当 r 很大时，事件 $\{s > r\}$ 即为稀有事件。

模型中用每个债务人违约指标 $Y_1\cdots,Y_m$ 的相关性来描述债务人之间的相关性。Normal copula 模型通过潜在向量 $(X_1\cdots, X_m)$ 来描述 $Y_1\cdots,Y_m$ 之间的相关性，因此 Y_k 具有如下的表达式：

$$Y_k = I_{\{x_k > x_k\}} = \begin{cases} 1 & X_k > x_k \\ 0 & X_k \le x_k \end{cases} \quad k = 1,2\cdots,m \tag{5.11}$$

式（5.11）中，x_k 依据每个债务人的无条件违约概率 p_k 选取，不失一般性的情况下，令 $(X_1\cdots, X_m)$ 服从标准正态分布，即 $x_k = \Phi^{-1}(1 - p_k)$，Φ 是标准正态分布的分布函数，即满足：

$$p(Y_k = 1) = p(X_k > x_k)$$
$$= p(X_k > \Phi^{-1}(1 - p_k))$$
$$= 1 - \Phi(\Phi^{-1}(1 - p_k)) \tag{5.12}$$
$$= p_k$$

因此 $(X_1 \cdots, X_m)$ 之间的相关性就描述了 $Y_1 \cdots, Y_m$ 之间的相关性。设表征债务人违约的潜在变量 X_k 由 d 个共同因素与 1 个个体因素决定。即：

$$X_k = a_{k1}\bar{Z}_1 + a_{k2}\bar{Z}_2 + \cdots + a_{kd}\bar{Z}_d + b_k\varepsilon_k, \qquad k = 1,2\cdots,m \tag{5.13}$$

式（5.13）中 $\bar{Z}_1, \bar{Z}_2 \cdots, \bar{Z}_d$ 是共同因素，服从标准正态分布 $N(0,1)$ ，ε_k 是第 k 个债务人的个体因素，服从标准正态分布 $N(0,1)$ 。$a_{k1}, a_{k2} \cdots, a_{kd}$ 为对应于第 k 个债务人的风险权重，满足 $a_{k1}^2 + a_{k2}^2 + \cdots + a_{kd}^2 + b_k^2 = 1$ ，$a_{ki} \geq 0$，$b_k \geq 0$ 进而 X_k 服从标准正态分布 $N(0,1)$ 。其中共同因素 $\bar{Z}_1, \bar{Z}_2 \cdots, \bar{Z}_d$ 引发了违约相关性，通常情况下共同因素具有经济含义，如行业或者地区风险因子，在本书中假设 $a_{k1}, a_{k2} \cdots, a_{kd}$ 都为非负数，这样就保证了共同因素增大则相应的违约损失变大。实际情况中 $a_{k1}, a_{k2} \cdots, a_{kd}$ 都非负也就保证了所有的违约指标都是正相关的。

由式（5.13）可知 X_k 表达式中的共同因素 $\bar{Z}_1, \bar{Z}_2 \cdots, \bar{Z}_d$ 导致了 $(X_1 \cdots, X_m)$ 之间的相关性：格拉斯曼和李提出了一种分两步计算的方法克服违约相关性：第一步在假设共同因素 $\bar{Z}_1, \bar{Z}_2 \cdots, \bar{Z}_d$ 相同的条件下，应用重要抽样；第二步对共同因素应用重要抽样。周泓提出利用增加维数的办法克服违约相关性，即在衡量违约人的总损失程度用共同因素 $\bar{Z}_1, \bar{Z}_2 \cdots, \bar{Z}_d$ 和每个债务人的个体因素 $\varepsilon_1 \cdots, \varepsilon_k$ 代替潜在变量 X_k ，也即将原以 $Y_1, Y_2 \cdots, Y_m$ 为自变量的函数 s 变为以共同因素 $\bar{Z}_j$ ，$j = 1 \cdots, d$ 和个体因素 ε_k 的自变量的函数，故将总损失表示为：

$$s = c_1 Y_1 + c_2 Y_2 + \cdots + c_m Y_m = \sum_{k=1}^{m} c_k I_{\{\sum_{i=1}^{d} a_{ki}\bar{Z}_i + b_k \varepsilon_k > x_k\}} \tag{5.14}$$

令 $Z = (Z_1, Z_2 \cdots, Z_{d+m}) = (\bar{Z}_1 \cdots, \bar{Z}_d, \varepsilon_1 \cdots, \varepsilon_m)$ ，则 s 是 Z 的函数，

$$s = s(Z) = \sum_{k=1}^{m} c_k I_{\{\sum_{i=1}^{d} a_{ki}Z_i + b_k Z_{d+k} > x_k\}} \tag{5.15}$$

因此原问题 $P\{s(Y) > r\}$ 就变为：

$$P\{s(Z) > r\} = EI_{\{s(Z)>r\}} \tag{5.16}$$

5.3.2 算法设计

表达式（5.16）中，当 r 很大时，即为一个稀有事件概率估计问题，将 Z 的初始密度函数表示成 $f(Z;u)$，即有

$$f(Z;u) = (2\pi)^{-\frac{d+m}{2}} \exp\left(- \frac{\sum_{i=1}^{d+m}(z_i - u_i)^2}{2} \right) \tag{5.17}$$

式（5.17）中 $u = (u_1\cdots, u_{d+m})$ 是正态分布密度函数的均值。在本例中假设 $\bar{Z}_1, \bar{Z}_2\cdots, \bar{Z}_d$ 和 ε_k 服从标准正态分布 $N(0,1)$，所以 $u_i = 0$。因此可将式（5.16）改写为：

$$P(s(Z) > r) = EI_{\{s(Z)>r\}} = \int I_{\{s(Z)>r\}} f(Z;u)\mathrm{d}Z \tag{5.18}$$

利用 4.2 节提出的基于鞅的重要抽样算法解决这个问题，即在重要抽样分布类 $\left\{ f(x;v) = (2\pi)^{-\frac{1}{2}} \exp\left(- \frac{(x-v)^2}{2} \right) \right\}$ 中通过确定参数 v 找到最优参数 v^*，进而确定最优重要抽样密度函数：

$$g(Z) = f(Z;v^*) = (2\pi)^{-\frac{d+m}{2}} \exp\left(- \frac{\sum_{i=1}^{d+m}(z_i - v_i^*)^2}{2} \right) \tag{5.19}$$

满足：

$$P(s(Z) > r) = \int I_{\{s(Z)>\beta\}} \frac{f(Z;u)}{g(Z)} g(Z)\mathrm{d}Z = E_g I_{\{s(Z)>r\}} \frac{f(Z;u)}{g(Z)} \tag{5.20}$$

求解 3.2 节中的（3.8）式得到重要抽样密度函数 $g(Z)$，即求解：

$$\min_{v_t} \left| E_{v_{t-1}}\left[\frac{l_{t-1}}{I_{\{s(X) \geqslant r_{t-1}\}}} \times W(Z;v_t, v_{t-1}) \right] - 1 \right|$$

$$= \min_{v_t} \sqrt{ \left(E_{v_{t-1}}\left[\frac{l_{t-1}}{I_{\{s(X) \geqslant r_{t-1}\}}} \times W(Z;v_t, v_{t-1}) \right] - 1 \right)^2 } \tag{5.21}$$

式（5.21）中，$W(Z;v_t, v_{t-1}) = \frac{f(Z;v_t)}{f(Z;v_{t-1})}$，$v_t = (v_{t,1}, v_{t,2}\cdots, v_{t,d+m})$，将（5.19）式代入得到：

$$W(Z;v_t, v_{t-1}) = \exp\left(\frac{\sum_{i=1}^{d+m}[(z_i - v_{t-1,i})^2 - (z_i - v_{t,i})^2]}{2} \right) \tag{5.22}$$

与 3.2 节讨论类似，式（5.21）中，指示函数处在分母的位置，所以将

式（5.21）中定义的指示函数 $I_{\{s(Z)\geqslant r\}}$ 修改定义为：

$$I'_{\{s(Z)\geqslant r\}} = \begin{cases} 1, & s(Z) \geqslant r \\ 10^{-5}, & s(Z) < r \end{cases} \tag{5.23}$$

l 是一个待估计的量，采用迭代方法来解决这个问题，即用一个更新参数序列 $\{l_t, t > 0\}$ 来解决这个问题，即：

$$\begin{aligned} l_t &= \frac{1}{N} \sum_{i=1}^{N} I'_{\{s(Zi)\geqslant r_t\}} W(Z^i; u, v_{t-1}) \\ &= \frac{1}{N} \sum_{i=1}^{N} I'_{\{s(Zi)\geqslant r_t\}} \exp\left(\frac{\sum_{j=1}^{d+m} [(z_j^i - v_{t-1,j})^2 - (z_j^i - u)^2]}{2} \right) \end{aligned} \tag{5.24}$$

此处 $Z^i = (Z_1^i, Z_2^i \cdots, Z_{d+m}^i)$。

5.3.3　仿真分析

本节对给定的三个 r 值 300、400 和 500 进行仿真，表 5.7 显示了仿真结果。表中 MC 表示蒙特卡罗方法，軼表示基于軼的重要抽样方法，$\hat{l}$ 是 l 的估计量，N 是仿真次数，95% H. W. 表示 95% 置信区间半长。使用基于軼的重要抽样方法估计 $l = P(s(x) > r)$，及标准的蒙特卡罗仿真方法来估计 $l = P(s(x) > r)$，结果列于表 5.7。由于仿真试验具有随机性，对每种情况独立做了 100 次仿真试验，表中数据均取自 100 次独立试验的平均值。

由表 5.7 的对比数据不难看出，当 $r = 300$ 时，传统的蒙特卡罗仿真算法需要进行 10 000 次仿真实验才可以得到置信区间半长为 $7.145\,3 \times 10^{-4}$ 的估计量；而基于极小化方差技术的重要抽样方法在进行 1 000 次仿真实验后就可以得到置信区间半长为 $6.368\,5 \times 10^{-4}$ 的估计量，显然后者的仿真结果更可靠。当 $r = 400$ 和 $r = 500$ 时，传统的蒙特卡罗仿真算法在分别进行 100 000 次及 1 000 000 仿真实验后，才能够得到具有统计意义的仿真结果。而本书提出的基于极小化方差技术的重要抽样方法在分别进行 1 000 次和 10 000 次仿真实验后，得到了令人满意的结果。

表 5.7　仿真结果比较

r	方法	$\hat{l}$	N	95% H. W.
300	軼	$3.300\,0 \times 10^{-3}$	1 000	$6.368\,5 \times 10^{-4}$
	MC	$2.000\,0 \times 10^{-3}$	10 000	$7.145\,3 \times 10^{-4}$

r	方法	$\hat{l}$	N	95% H. W.
400	鞅	4.9133×10^{-4}	1 000	7.4288×10^{-5}
	MC	4.2500×10^{-4}	100 000	9.2527×10^{-5}
500	鞅	2.0019×10^{-5}	10 000	1.7425×10^{-6}
	MC	2.9150×10^{-5}	1 000 000	2.7400×10^{-6}

以上分析显示出本书算法与传统的蒙特卡罗仿真算法相比，无论是仿真效率还是结果的精度都有明显提高。很显然，对于小概率事件传统的蒙特卡罗仿真方法无能为力，但是本书算法仍然可以在较少的仿真次数下得到理想的结果。

5.4　本章小结

商业银行的风险预警是商业银行风险管理工作的一个重要组成部分，是商业银行风险管理体系的一个子系统。本章将研究的方法用于解决其风险预警难题。

本章首先针对多个债务人不相关的情况提出一种新的商业银行信用风险预警系统构造方法。该方法利用从公开媒体报道中搜集到的中国银行业信用风险损失事件，同时应用传统的预警概念构建基于交叉熵方法的商业银行信用风险预警系统，目的是为提高标准交叉熵算法的性能，有助于引进精英保留策略以提高算法效率。

试验结果显示本书算法在评估信用风险方面的有效性，本书模型为商业银行提供了一个有效的风险预警工具。交叉熵方法是在 1997 年才提出的估计稀有事件概率的自适应算法，无论在理论方面还是在应用方面，都存在着广阔的发展空间。由于我国商业银行有效的历史数据较少，这就使得我国商业银行的信用风险评估经常是在小样本情况下进行的，因此本书的方法在我国信用风险评估中具有广泛的应用前景。

在假设多个债务人违约指标相关的条件下，5.3 节基于 normal copula 函数构建了组合信用风险模型，应用基于鞅的重要抽样方法寻找损失分布，评估损失发生的概率。仿真结果充分显示出将稀有事件理论应用于信用风险评估过程的优势，仿真效率及精度都有明显提高。

综上所述，本节对商业银行的实际情况进行了总结概括，并将所研究的方法应用于解决其风险预警难题，通过实证研究令本书的算法更加具有使用价值。

参考文献

1. ALQAQ W A, DEVETSIKIOTIS M, TOWNSEND J K. Stochastic gradient optimization of importance sampling for the efficient simulation of digital communication systems[J]. IEEE Transactions on Communications,2002,43(12):2975 - 2985.

2. ALON G, KROESE D P, RAVIV T, et al. Application of the cross - entropy method to the buffer allocation problem in a simulation - based environment[J]. Annals of Operations Research,2005,134(1):137 - 151.

3. ASTHEIMER J P, PILKINGTON W C, WAAG R C. Reduction of variance in spectral estimates for correction of ultrasonic aberration[J]. IEEE Transactions on Ultrasonics,Ferroelectrics and Frequency Control,2006,53(1):79 - 89.

4. BASSAMBOO A, JUNEJA S, ZEEVI A. On the inefficiency of state - independent importance sampling in the presence of heavy tails[J]. Operations Research Letters,2007,35(2):251 - 260.

5. BAYES B A. Statistical techniques for simulation models[J]. The Australian Computer Journal,1970,2(4):180 - 184.

6. BEASLEY J E. Route first cluster second methods for vehicle routing[J]. Omega,1983,11(4):403 - 408.

7. BORCHER DING. Ten years of practical experience with the dreissena monitor,a biological early warning system for continuous water quality monitoring [J]. Hydrobiologia,2006,56(1):417 - 426.

8. BRATLEY P, FOX B L, SCHRAGE L E. A guide to simulation[M]. New York:Springer Science & Business Media,2011.

9. BUCKLEW J A. Introduction to rare event simulation[M]. New York: Springer Science & Business Media,2013.

10. BUCKLEW J A. Large deviation techniques in decision, simulation and estimation[M]. New York:Wiley,1990.

11. CANCELA H, KHADIRI M. The recursive variance - reduction simulation

algorithm for network reliability evaluation[J]. IEEE Transactions on Reliability, 2003,52(2):207 –212.

12. CASERTA M, RICO E Q, URIBE A M. A cross entropy algorithm for the knapsack problem with setups[J]. Computers & Operations Research,2008,35(1): 241 –252.

13. CHEPURI K, HOMEM DE MELLO T. Solving the vehicle routing problem with stochastic demands using the cross – entropy method[J]. Annals of Operations Research,2005,134(1):153 –181.

14. CLARKE G, WRIGHT J W. Scheduling of vehicles from a central depot to a number of delivery points [J]. Operations Research,1964,12(1):568 –581.

15. COHEN I, GOLANY B, SHTUB A. Managing stochastic, finite capacity, multi – project systems through the cross – entropy methodology[J]. Annals of Operations Research,2005,134(1):183 –199.

16. COSTA A, JONES O D, KROESE D. Convergence properties of the cross – entropy method for discrete optimization [J]. Operations Research Letters,2007,35 (5):573 –580.

17. COTTRELL M, FORT J C, MALGOUYRES G. Large deviations and rare events in the study of stochastic algorithms [J]. IEEE Transactions on Automatic Control,1983,28(9):907 –920.

18. CRANE M A, IGLEHART D L. Simulating stable stochastic systems: I general multiserver queues [J]. Journal of the Association for Computing Machinery, 1974,21(1):103 –113.

19. CRANE M A, IGLEHART D L. Simulating stable stochastic systems: II markov chains [J]. Journal of the Association for Computing Machinery (ACM), 1974,21(1):114 –123.

20. CRANE M A, IGLEHART D L. Simulating stable stochastic systems: III regenerative processes and discrete – event simulations [J]. Operations Research, 1975,23(1):33 –45.

21. STROOCK D W, DEUSCHEL J D. Large deviations [M]. New York: American Mathematical Society,2000.

22. DE BOER P T, KROESE D P, MANNOR S A. Tutorial on the cross –

entropy method [J]. Annals of Operations Research,2005,134:19 – 67.

23. DE BOER P T, KROESE D P, RUBINSTEIN R Y. A fast cross – entropy method for estimating buffer overflows in queueing networks [J]. Management Science,2004,50(7):883 – 895.

24. DE BOER P T. Analysis and efficient simulation of queueing models of telecommunication systems [D]. Enschede:University of Twente,2000.

25. DE BOER P T. Rare – event simulation of non – markovian queueing networks using a state – dependent change of measure [J]. Annals of Operations Research, 2005,134:69 – 100.

26. DEVETSIKIOTIS M, TOWNSEND J K. An algorithmic approach to the optimization of importance sampling parameters in digital communication system simulation [J]. IEEE Transactions on Communications,1993,41(10):1464 – 1473.

27. DEVETSIKIOTIS M, TOWNSEND J K. Statistical optimization of dynamic importance sampling parameters for efficient simulation of communication networks [J]. IEEE/ACM Transactions on Networking,1993,1(3):293 – 305.

28. DUBINU. Application of the cross – entropy method to neural computation [D]. Haifa:Israel Institute of Technology,2002.

29. EMBRECHTS P, KAUFMANN R, PATIE P. Strategic long – term financial risks single risk factors [J]. Computational Optimization and Applications,2005,32: 61 – 90.

30. ERDIK M, FAHJAN Y, OZEL O, et al. Istanbul earthquake rapid response and the early warning system [J]. Bulletin of Earthquake Engineering, 2003, 1: 157 – 163.

31. FALKNER M, DEVETSIKIOTIS M, LAMBADARIS I. Fast simulation of networks of queues with effective and decoupling bandwidths [J]. ACM Transactions on Modeling and Computer Simulation,1999,9(1):45 – 58.

32. FRATER M R, LENNON T M, ANDERSON B D. Optimally efficient estimation of the statistics of rare events in quieting networks [J]. IEEE Transactions on Automatic Control,1991,36(12):1395 – 1405.

33. FRIEDEMANN W, MICHAEL B, FRANK F. Potential of earthquake early warning systems [J]. Natural Hazards,2001,23:407 – 416.

34. FROHWEIN H I, LAMBERT J H, HAIMES Y Y. Alternative measures of risk of extreme events in decision trees [J]. Reliability Engineering and System Safety, 1999, 66:69 − 84.

35. FROST V S, LARUE W W, SHANMUGAN K S. Efficient techniques for the simulation of computer communication networks [J]. IEEE Journal on Selected Areas in Communications, 1988, 6(1):146 − 157.

36. FUERTES A M, KALOTYCHOU E. Early warning systems for sovereign debt crises: the role of heterogeneity [J]. Computational Statistics & Data Analysis, 2006, 51:1420 − 1441.

37. GARNIER J, MORAL P D. Simulations of rare events in fiber optics by interacting particle systems [J]. Optics Communications, 2006, 267(1):205 − 214.

38. GENDREAU M, LAPORTE G, SÉGUIN R. A tabu search heuristic for the vehicle routing problem with stochastic demands and customers [J]. Operations Research, 1996, 44 (3):469 − 477.

39. GILLETT B E, MILLER L R. A heuristic algorithm for the vehicle dispatch problem [J]. Operations Research, 1974, 22(2):340 − 349.

40. GLASSERMAN P, HEIDELBERGER P, SHAHABUDDIN P, et al. A large deviations perspective on the efficiency of multilevel splitting [J]. IEEE Transactions on Automatic Control, 1998, 43(12):1666 − 1679.

41. GLASSERMAN P, HEIDELBERGER P, SHAHABUDDIN P, et al. Multilevel splitting for estimating rare event probabilities [J]. Operations Research, 1999, 47 (4):586 − 600.

42. GLASSERMAN P, JINGYI L I. Importance sampling for portfolio credit risk [J]. Management science, 2005, 51(11):1643 − 1656.

43. GLASSERMAN P, KOU S. Analysis of an importance sampling estimator for tandem queues [J]. ACM Transactions on Modeling and Computer Simulation, 1995, 5:22 − 42.

44. GLYNN P W, IGLEHART D L. Importance sampling for stochastic simulations [J]. Management Science, 1989, 35:1367 − 1392.

45. GLYNN P W, WHITT W. The asymptotic efficiency of simulation estimators [J]. Operations Research, 1992, 40(3):505 − 520.

46. GOLDSTEIN M, KAMINSKY G L, REINHART C M. Assessing financial vulnerability: an early warning system for emerging markets [M]. Washington: Peterson Institute for International Economics, 2000.

47. GOYAL A, SHAHABUDDIN P, HEIDELBERGER P, et al. A unified framework for simulating markovian models of highly dependable systems [J]. IEEE Transactions on Computers, 1992, 41(1): 36 – 51.

48. GUPTON G, FINGER C, BHATIA M. Credit metrics technical document [M]. New York: J P Morgan & Co, 1997.

49. HAMRNERSLEY J M, HANDSCOMB D C. Monte Carlo methods [M]. London: Methuen and Co Ltd, 1964.

50. HEEGAARD P E. A scheme for adaptive biasing in importance sampling [J]. AEU International Journal of Electronics and Communications, 1998, 52(3): 172 – 182.

51. HEIDELBERGER J P. Fast simulation of rare events in queueing and reliability models [J]. ACM Transactions on Modeling and Computer Simulation, 1995, 5(1): 43 – 85.

52. HSIEH MINGHUA. Adaptive importance sampling for rare event simulation of queuing networks [D]. Stamford: Stanford University, 1997.

53. HUI K P, BEAN N, KRAETZL M, et al. The cross – entropy method for network reliability estimation [J]. Annals of Operations Research, 2005, 134: 101 – 118.

54. IVANOVA P I, TAGAREV T D. Indicator space configuration for early warning of violent political conflicts by genetic algorithms [J]. Annals of Operations Research, 2000, 97(1): 287 – 311.

55. IWASAWAK. Fast relevant simulation in finance [D]. New York: New York University, 2003.

56. JERUCHIMM. Techniques for estimating the bit error rate in the simulation of digital communication systems [J]. IEEE Journal on Selected Areas in Communications, 1984, 2(1): 153 – 170.

57. KAHN H, MARSHALL A W. Methods of reducing sample size in monte carlo computations [J]. Journal of the Operations Research Society of America,

1953,1(5):263 – 278.

58. KAPUR J N, KESAVAN H K. Entropy optimization principles with applications [M]. New York:Academic Press,1992 .

59. KARASARIDISA. Broadband network traffic modeling,management and fast simulation based on alpha – stable self – similar processes [D]. Toronto: University of Toronto,1999.

60. KROESE D P,RUBINSTEIN R Y. The transform likelihood ratio method for rare event simulation with heavy tails [J]. Queueing Systems,2004,46:317 – 351.

61. LAPORTE G, GENDREAU M, POTVIN J Y, et al. Classical and modern heuristics for the vehicle routing problem [J]. International Transactions in Operational Research,2000,7:285 – 300.

62. LARSON MICHAELEDWARD. Stochastic optimization of rare event probability problems [D]. Cambridge:Harvard University,1996.

63. LAW A M, KELTON W D. Simulation modeling and analysis [M]. New York:McGraw Hill,1991.

64. LIEBER D, RUBINSTEIN R Y, ELMAKIS D. Quick estimation of rare events in stochastic networks [J]. IEEE Transactions on Reliability,1997,46,(2):254 – 265.

65. LU D, YAO, K. Improved importance sampling technique for efficient simulation of digital communication systems [J]. IEEE Journal on Selected Areas in Communications,1988,6(1):67 – 75.

66. MARAGLIANO L, VANDEN EIJNDEN E. A temperature accelerated method for sampling free energy and determining reaction pathways in rare events simulations [J]. Chemical Physics Letters,2006,426:168 – 175.

67. MARGOLINL. Application of the cross – entropy method to scheduling problems [D]. Haifa:Israel Institute of Technology,2002.

68. MARGOLINL. On the convergence of the cross – entropy method [J]. Annals of Operations Research,2005,134:201 – 214.

69. MELNIK MELNIKOV P G, DEKHTYARUK E S. Rare events probabilities estimation by "russian roulette and splitting" Simulation technique [J]. Probabilistic Engineering Mechanics,2000,15:125 – 129.

70. MENACHE I, MANNOR S, SHIMKIN N. Basis function adaptation in temporal difference reinforcement learning [J]. Annals of Operations Research, 2005,134:215 - 238.

71. NELSEN R B. An introduction to copulas [M]. Berlin:Springer,1999.

72. NOCEDAL J, WRIGHT S J. Numerical optimization [M]. Berlin: Spinrger,1999.

73. PAREKH S, WALRAND J. A quick simulation method for excessive backlogs in networks of queues [J]. IEEE Transactions on Automatic Control,1989, 34(1):54 -66.

74. PENG YANGYIN. multilevel minimum cross entropy threshold selection based on particle swarm optimization [J]. Applied Mathematics and Computation, 2007,184(2):503 -513.

75. QIUMINGZHU. Minimum cross - entropy approximation for modeling of highly intertwining data sets at subclass levels [J]. Journal of Intelligent Information Systems,1998,11:139 - 15.

76. QUIGLEY J,BEDFORD T,WALLS L. Estimating rate of occurrence of rare events with empirical Bayes :a railway application [J]. Reliability Engineering and System Safety,2007,92:619 - 627.

77. RIDDERA. Fast simulation of discrete time queues with markov modulated batch arrivals and batch departures [J]. AEU International Journal of Electronics and Communications,1998,52(3):127 - 132.

78. RIDDERA. Importance sampling simulations of markovian reliability systems using cross - entropy [J]. Annals of Operations Research,2005,134:119 - 136.

79. RONALD H, BALLOU. Business logistics management: Planning, organizing,and controlling the supply chain[M]. London:Pearson Education North Asia Limited,1992.

80. RUBINSTEIN R Y, KROESE D P. The cross - entropy method:a unified approach to combinatorial optimization,Monte Carlo simulation,and machine learning [M]. Berlin:Spinrger,2004.

81. RUBINSTEIN R Y. A stochastic minimum cross - entropy method for combinatorial optimization and rare - event estimation [J]. Methodology and

Computing in Applied Probability,2005,7:5 – 50.

82. RUBINSTEIN R Y. Cross – entropy and rare – events for maximal cut and bi – partition problems [J]. ACM Transactions on Modeling and Computer Simulation,2002,35:27 – 53.

83. RUBINSTEIN R Y. Simulation and the Monte Carlo method [M]. New York:Wiley,1981.

84. RUBINSTEIN R Y. The cross – entropy method for combinatorial and continuous optimization [J]. Methodology and Computing in Applied Probability, 1999,1:127 – 190.

85. RUBINSTEIN R Y. The simulated entropy method for combinatorial and continuous optimization [J]. Methodology and Computing in Applied Probability, 1999,2:127 – 190.

86. SADOWSKY J S, BUCKLEW J A. On large deviations theory and asymptotically efficient Monte Carlo estimation [J]. IEEE Transactions on Information Theory,1990,36(3):579 – 588.

87. SADOWSKY J S. Direct – sequence spread – spectrum multiple – access communications with random signature sequences:a large deviations analysis [J]. IEEE Transactions on Information Theory,1991,37(3):514 – 527.

88. SADOWSKY J S. Large deviations theory and efficient simulation of excessive backlogs in a gi/gi/m queue [J]. IEEE Transactions on Automatic Control,1991,36(12):1383 – 1394.

89. SADOWSKY JS. On the optimality and stability of exponential twisting in Monte Carlo estimation [J]. IEEE Transactions on Information Theory,1993,39(1): 119 – 128.

90. SHARPE W E,DEMCHIK M C. Acid runoff caused fish loss as an early warning of forest decline [J]. Environmental Monitoring and Assessment,1998,51: 157 – 162.

91. SIEGMUNDD. Importance sampling in the Monte Carlo study of sequential tests [J]. Annals of Statistic,1976,4:673 – 684.

92. SØREN ASMUSSEN,KROESE D,RUBINSTEIN R. Heavy tails,importance sampling and cross – entropy[J]. Stochastic Models,2005,21(1):57 – 76.

93. SRINIVASANR. Some results in importance sampling and an application to detection [J]. Signal Processing,1998,65:73 – 88.

94. STADLER, J S, ROY, et al. Adaptive importance sampling [J]. IEEE Journal on Selected Areas in Communications,1993,11(3):309 – 316.

95. STANLEY S P. A Bayesian model for assessing risk using expert judgment about paired scenario comparisons [D]. Washington: the George Washington University,2002.

96. TEGLER B, SHARP M, JOHNSON M A. Ecological monitoring and assessment network´s proposed core monitoring variables: an early warning of environmental change[J]. Environmental Monitoring and Assessment,2001,67(1 – 2):29 – 55.

97. TEODOROVIC D, PAVKOVIC G. A simulated annealing technique approach to the vehicle routing problem in the case of stochastic demand [J]. Transportation Planning and Technology,1992,16:261 – 270.

98. TOTH P, VIGO D. Exact solution of the vehicle routing problem [M]. In Fleet Management and Logistics Dordrecht :Kluwer ,1998.

99. TOWNSEND J K,HARASZTI,FREEBERSYSER Z,et al. Simulation of rare events in communications networks [J]. IEEE Communications Magazine,1998,36 (8):36 –41.

100. ALTAMIRANOJ V. Rare event restart simulation of two – stage networks [J]. European Journal of Operational Research,2007,179(1):148 – 159.

101. WANG Q,FROST V S. Efficient estimation of cell blocking probability for ATM systems[J]. IEEE/ACM Transactions on Networking (TON),1993,1(2): 230 – 235.

102. WEINSTEIN S B. Estimation of small probabilities by linearization of the tail of a probability distribution function [J]. IEEE Transactions on Communications,1971,19(6):1149 – 1155.

103. YANG B, LI L X, JI H, et al. An early warning system for loan risk assessment using artificial neural networks[J]. Knowledge – Based Systems,2001,14 (5):303 – 306.

104. YUAN C, DRUZDZEL M J. Importance sampling algorithms for Bayesian

networks:principles and performance[J]. Quality Control and Applied Statistics,2007,52(3):271 – 276.

105. ASSAFJ Z. Characterization and estimation of rare events via extreme values[D]. Stanford:Stanford University,2001.

106. 卞小林,黄双华,李先茂,等.重要采样法在雷达虚警概率模拟中的应用[J].舰船电子工程,2007,27(4):115 – 116.

107. 陈守东,孔繁利,胡铮洋.基于极值分布理论的 VaR 与 ES 度量[J].数量经济技术经济研究,2007,24(3):118 – 124.

108. 陈四清.商业银行风险管理通论[M].北京:中国金融出版社,2006.

109. 窦海勇.研究稀有事件的自适应弦方法[J].华南理工大学学报(自然科学版),2005,33(4):92 – 95.

110. 杜军威,徐中伟.基于重要抽样的联锁软件安全性评估[J].微电子学与计算机,2007,24(11):4 – 7.

112. 冯允成,邹志红,周泓.离散系统仿真[M].北京:机械工业出版社,1998.

113. 黄栋材,冯宝志.离散仿真技术的现状与发展[J].计算机仿真,1992(1):42 – 47.

114. 高宏建,宋笔锋.求解探测概率门限因子的一种重要度抽样方法[J].系统工程理论与实践,2003(1):82 – 87.

115. 黄继鸿,雷战波,凌超.经济预警方法研究综述[J].系统工程,2003,21(2):64 – 70.

116. 姜昱汐,李兴斯,李华.预测死亡率分布的一个最小叉熵模型[J].大连理工大学学报,2007,47(5):777 – 780.

117. 金光.重要性抽样法研究[J].系统仿真学报,2002,14(9):1121 – 1125.

118. 康春华.基于自适应重要抽样的可靠性灵敏度分析方法[J].机械强度,2007,29(6):946 – 951.

119. 李萌,陈柳钦.基于 BP 神经网络的商业银行信用风险识别实证分析[J].经济学研究,2007(1):18 – 29.

120. 李涛.虚拟现实仿真下稀有事件研究及其应用[D].北京:北京航空航天大学,2006.

121. 李雄,黄建国,张群飞.基于重要性抽样的最大似然方位估计方法[J].

电子学报.2005,33(8):1529-1532.

122.林元烈.应用随机过程[M].北京:清华大学出版社,2002.

123.刘建峰,吴成龙,王爱因,等.基于重要抽样法的模糊可靠性数字仿真[J].合肥工业大学学报:自然科学版,2008,31(1):116-120.

124.刘威汉.财金风险管理[M].北京:中国人民大学出版社,2005.

125.娄山佐,史忠科.基于交叉熵法解决随机用户和需求车辆路径问题[J].控制与决策,2007,22(1):7-11.

126.娄山佐.一种解决多库房随机车辆路径问题方法[J].系统仿真学报,2007,19(4):879-882.

127.卢长先,陆一平,查建中.求解0-1背包问题的交叉熵方法[J].计算机仿真,2007,24(7):183-187.

128.陆前进,杨槐.开放经济下宏观金融风险管理[M].上海:上海财经大学出版社,2002.

129.马超,吕震宙,袁修开.基于重要抽样马尔可夫链模拟的可靠性灵敏度分析新方法[J].机械强度,2008,30(1):41-46.

130.马杰.利率与汇率风险管理[M].北京:人民邮电出版社,2006.

131.马俊海,张维,刘凤琴.期权定价的蒙特卡罗模拟综合性方差减少技术[J].管理科学学报,2005,8(4):68-73.

132.潘震东,唐家福,韩毅.带货物权重的车辆路径问题及遗传算法[J].管理科学学报.2007,10(3):23-29.

133.沈沛龙.现代商业银行信用风险管理理论方法与模型研究[D].北京:北京航空航天大学,2002.

134.世界银行.新兴市场经济中的商业银行[M].北京:中国财经出版社,1997.

135.宋述芳,吕震宙.高维小失效概率可靠性分析的序列重要抽样法[J].西北工业大学学报,2006,24(6):782-786.

136.宋晓通,谭震宇.大型发输电组合系统可靠性评估方法[J].高电压技术,2007.33(7):191-194.

137.苏庆华.稀有事件问题的概率风险评估与分析研究[D].北京:北京航空航天大学,2002.

138.索娟娟,李彦苍.交叉熵:计算语言学消歧的一种工具[J].数学的实践与认识,2006,36(13):267-273.

139.唐纯喜,金伟良,陈进.基于支持向量机的重要抽样方法[J].长江科学院院报,2007,24(6):62-65.

140.唐纯喜,金伟良,陈进.结构失效面上的复合蒙特卡罗方法[J].浙江大学学报:工学版,2007,41(6):1012-1016.

141.王春峰,李汶华.小样本数据信用风险评估研究[J].管理科学学报,2001(4):28-32.

142.王金安.重要性抽样在期权定价中的应用[J].集美大学学报:哲学社会科学版,2007,10(4):35-39.

143.吴淮宁,蔡开元.不确定控制系统概率鲁棒性分析:自适应重要抽样法[J].控制理论与应用,2004,21(5):812-816.

144.吴淮宁,李勇,蔡开元.基于重要抽样法和神经网络的模糊鲁棒性分析[J].控制理论与应用,2005,22(2):335-340.

145.杨非,马俊海.可转换债券最小方差蒙特卡罗模拟定价改进方法的分析和研究[J].财经论丛,2008(1):59-64.

146.杨利敏.超大型FPSO结构总纵强度随机可靠度计算[J].中国海洋平台,2007,22(5):14-18.

147.杨亚立,韩卫占.动态IS技术[J].计算机仿真,1993,1(3):293-305.

148.杨有振,王月光,段宏亮.中国商业银行风险预警体系的构建[M].北京:经济科学出版社,2006.

149.犹杰,刘文予,杨琳琳.基于交叉熵的矢量量化分类算法[J].舰船电子工程,2007(4):129-133.

150.俞雪梨,肖纲景.稀有事件右删失生存数据的伞形约束检验[J].江南大学学报(自然科学版),2004,3(6):636-641.

151.袁修开,吕震宙,宋述芳.失效概率计算的截断重要抽样法[J].西北工业大学学报,2007,25(5):752-756.

152.翟性泉,王翠珍.引信故障树数字仿真中抽样方案的讨论[J].北京理工大学学报,1998,18(12):195-198.

153.张崎,李兴斯.结构可靠性分析的模拟重要抽样方法[J].工程力学,2007,24(1):33-36.

154.张宗益,朱小宗,耿华丹,等.传统信用风险度量模型的实证比较与适用性分析[J].预测,2005,24(2),55-59.

155.章彰.解读巴塞尔新资本协议[M].北京:中国经济出版社,2005.

156.赵广燕,张建国.改进的重要度抽样法在机构可靠性中的应用[J].北京航空航天大学学报,2003,29(18):696-699.

157.郑承利.美式期权的几种蒙特卡罗仿真定价方法比较[J].系统仿真学报,2006,18(10):2928-2935.

158.周海京,遇京.故障模式、影响及危害性分析与故障树分析[M].北京:北京航空工业出版社,2003.

159.周勇,刘三阳,杨曙光.基于交叉熵的通讯网的优化算法[J].系统工程与电子技术,2004,26(10):1471-1533.

附录

附录 A　训练样本财务指标原始数据

在附录 A 的各表中各变量与实际含义对应如下：X1——主营业务收入；X2——总资产；X3——股东权益（不含少数股东权益）；X4——净资产收益率（净利润）；X5——资产周转率；X6——存货周转率；X7——应收账款周转率；X8——资产周转率；X9——固定资产周转率；X10——流动比率；X11——速动比率；X12——净营运资金；X13——股东权益比率；X14——债务资产比率。表中数据有效位截取小数点之后三位。

附表 A1　训练样本财务指标原始数据（CSRC 行业分类 A01）

股票简称	X1	X2	X3	X4	X5	X6	X7	X8	X9	X10	X11	X12	X13	X14
丰乐种业	833 940 547.930	1 151 526 195.350	465 011 630.440	0.058	0.033	1.368	17.880	0.721	2.190	1.074	0.415	47 047 746.410	0.404	0.574
S＊ST秦丰	75 033 944.440	519 006 738.200	4 556 291.270	-7.582	-0.460	1.379	7.458	0.133	0.323	0.239	0.163	-371 585 814.700	0.009	0.961
赣南果业	14 324 233 201.490	4 688 191 494.740	583 645 034.930	0.242	0.010	7.960	46.444	3.598	110.978	1.122	0.569	468 596 154.840	0.124	0.824
顺鑫农业	3 209 655 886.460	3 556 915 285.090	1 515 393 558.600	0.063	0.030	3.172	34.343	0.960	2.103	1.291	0.523	455 564 843.360	0.426	0.544
新中基	1 782 816 990.960	4 411 089 792.630	1 099 719 682.000	0.068	0.042	1.856	5.132	0.451	1.248	0.936	0.599	-165 453 114.850	0.249	0.677
隆平高科	948 305 665.070	1 724 900 116.540	859 030 991.830	0.043	0.039	1.153	13.936	0.528	4.766	1.939	1.084	651 826 539.470	0.498	0.408
登海种业	283 326 979.310	869 422 718.680	651 606 353.220	0.009	0.021	0.736	11.792	0.341	1.231	3.437	1.833	418 434 753.830	0.749	0.202
新疆天业	3 021 582 048.220	4 936 138 639.650	1 312 234 615.250	0.161	0.070	3.264	7.642	0.626	1.367	1.055	0.751	135 662 116.750	0.266	0.641
亚盛集团	1 000 805 509.260	3 342 348 126.250	1 588 193 847.370	0.009	0.015	3.115	8.647	0.308	0.803	0.587	0.393	-571 418 631.030	0.475	0.434
九发股份	609 428 274.900	2 232 329 282.000	782 612 669.900	-0.148	-0.190	2.610	2.154	0.296	0.931	1.054	0.908	73 886 016.000	0.351	0.617

附表 A2 训练样本财务指标原始数据（CSRC 行业分类 B01）

股票简称	X1	X2	X3	X4	X5	X6	X7	X8	X9	X10	X11	X12	X13	X14
靖远煤电	243 731 411.420	413 616 798.680	227 978 182.560	0.177	0.165	5.620	35.890	0.549	0.982	0.425	0.279	-75 994 585.720	0.551	0.449
盘江股份	2 446 806 602.160	1 978 419 264.710	1 396 833 807.240	0.059	0.034	34.583	29.765	1.235	2.400	1.643	1.542	323 389 089.380	0.706	0.294
大同煤业	3 911 653 773.620	7 109 442 714.210	3 385 120 029.620	0.142	0.123	13.173	111.868	1.100	2.781	2.110	1.980	2 210 657 643.040	0.476	0.494
平煤天安	7 457 731 155.000	8 523 370 600.000	5 099 210 365.000	0.169	0.116	45.746	519.130	1.750	2.826	0.970	0.884	-79 452 533.000	0.598	0.378
潞安环能	7 220 913 318.570	9 232 496 043.940	3 666 217 883.560	0.227	0.115	32.716	74.699	1.564	5.278	1.379	1.312	1 630 384 670.760	0.397	0.570
上海能源	4 317 229 032.220	5 014 333 606.490	2 420 704 840.720	0.185	0.104	16.995	95.075	0.862	1.056	0.385	0.261	-1 076 959 234.140	0.483	0.505
恒源煤电	1 186 853 287.260	1 662 208 906.070	1 001 327 140.340	0.196	0.165	50.085	35.421	0.744	1.637	1.246	1.220	144 254 114.110	0.602	0.380
开滦股份	3 159 652 761.970	5 723 190 640.270	2 518 008 007.900	0.181	0.144	14.395	46.144	0.642	0.949	0.715	0.647	-634 280 195.610	0.440	0.526
国阳新能	8 490 158 731.270	5 762 539 121.130	3 113 609 495.160	0.224	0.082	28.001	12.840	1.497	3.124	1.100	0.950	230 586 676.840	0.540	0.451
兖州煤业	13 224 295 672.000	22 894 133 403.000	18 027 020 562.000	0.097	0.132	12.934	75.790	0.601	1.290	2.528	2.382	6 087 371 041.000	0.787	0.210

附表 A3 训练样本财务指标原始数据（CSRC 行业分类 C0）

股票简称	X1	X2	X3	X4	X5	X6	X7	X8	X9	X10	X11	X12	X13	X14
深深宝 A	102 483 106.640	469 044 876.400	278 878 929.610	0.140	0.381	2.426	5.018	0.226	0.936	1.196	0.935	33 927 553.420	0.595	0.368
康达尔 A	745 865 449.070	874 537 239.920	-177 106 543.500	0.537	-0.128	3.116	15.867	0.757	1.798	0.364	0.154	-628 083 296.480	-0.203	1.143
泸州老窖	1 869 375 513.310	3 414 355 221.050	2 197 440 320.340	0.153	0.180	0.676	52.524	0.616	2.730	2.015	0.985	1 224 689 346.830	0.644	0.354
西藏发展	190 496 497.300	1 040 569 358.000	488 702 628.800	0.027	0.070	5.635	11.599	0.193	0.403	2.196	2.086	271 430 663.700	0.470	0.280
承德露露	1 103 315 883.710	1 081 358 788.000	473 507 908.300	0.141	0.060	5.384	78.829	0.982	3.411	1.177	0.956	100 839 088.700	0.438	0.528

续表

股票简称	X1	X2	X3	X4	X5	X6	X7	X8	X9	X10	X11	X12	X13	X14
张裕A	2 162 755 218.000	2 729 228 871.000	2 009 713 129.000	0.221	0.205	1.156	32.781	0.852	3.880	3.082	2.009	1 386 530 276.000	0.736	0.244
兰州黄河	753 401 253.500	1 258 218 272.610	367 117 422.490	0.055	0.027	3.183	24.321	0.619	1.589	1.117	0.841	67 032 897.460	0.292	0.513
皇台酒业	111 212 482.050	642 117 381.380	347 045 322.300	0.006	0.018	0.560	1.990	0.182	0.508	1.168	0.612	43 368 812.150	0.540	0.450
惠泉啤酒	955 566 593.490	1 165 516 467.090	965 737 199.090	0.036	0.037	6.011	240.988	0.805	0.983	1.118	0.451	21 291 443.260	0.829	0.154
S酒鬼酒	202 097 641.330	1 308 413 042.330	529 436 533.250	-0.442	-1.158	0.229	3.089	0.127	0.495	0.607	0.084	-293 544 599.720	0.405	0.595

附表 A4 训练样本财务指标原始数据（CSRC 行业分类 C01）

股票简称	X1	X2	X3	X4	X5	X6	X7	X8	X9	X10	X11	X12	X13	X14
广东甘化	650 908 414.710	1 155 436 049.370	467 429 632.430	0.018	0.013	3.111	11.007	0.528	1.187	0.649	0.331	-200 077 350.580	0.405	0.543
正虹科技	1 620 101 738.920	1 120 722 308.360	483 441 652.740	0.063	0.019	5.696	24.739	1.344	3.341	0.933	0.558	-39 292 292.530	0.431	0.522
新希望	3 512 764 836.400	4 443 966 413.000	1 976 321 950.000	0.107	0.060	7.359	38.835	0.848	2.988	1.096	0.766	134 398 415.000	0.445	0.395
南宁糖业	2 743 181 369.270	3 218 451 989.530	1 088 136 504.770	0.181	0.072	12.147	16.949	0.890	1.298	0.545	0.440	-795 559 262.330	0.338	0.607
哈高科	267 398 737.930	1 491 806 207.090	644 265 413.180	0.035	0.085	0.714	2.396	0.193	0.669	1.240	0.774	183 109 974.630	0.432	0.529
金健米业	832 842 551.880	1 579 769 164.640	749 431 581.020	0.010	0.009	1.549	12.526	0.457	1.417	0.978	0.368	-16 418 739.530	0.474	0.507
华资实业	502 518 647.170	2 028 507 929.750	1 301 946 189.400	0.011	0.028	1.599	14.966	0.249	0.917	1.338	0.903	206 569 838.300	0.642	0.307
中牧股份	1 484 693 741.730	1 864 163 657.060	998 645 666.000	0.131	0.088	3.704	8.622	0.856	2.059	1.063	0.689	49 272 650.850	0.536	0.419
光明乳业	7 212 707 130.000	3 876 974 279.000	2 172 495 123.000	0.070	0.021	10.771	14.882	1.912	3.904	1.306	0.947	432 612 461.000	0.560	0.408
*ST兴发	434 755 876.910	2 516 836 748.090	166 652 464.270	0.039	0.015	2.046	3.274	0.134	0.417	0.452	0.394	-1 154 892 092.120	0.066	0.929

附表 A5 训练样本财务指标原始数据（CSRC 行业分类 C03）

股票简称	X1	X2	X3	X4	X5	X6	X7	X8	X9	X10	X11	X12	X13	X14
健特生物	1 056 972 610.160	1 154 944 306.000	649 367 638.700	0.009	0.005	12.942	5.257	0.894	4.966	3.209	3.002	545 406 581.600	0.562	0.214
五粮液	7 386 141 421.510	10 334 123 958.970	8 257 212 457.360	0.142	0.158	2.358	1 515.709	0.741	1.391	2.470	1.730	2 994 299 910.280	0.799	0.197
丰原生化	4 398 173 912.000	7 688 459 119.000	1 916 962 855.000	-0.201	-0.088	5.723	11.164	0.583	0.886	0.452	0.320	-2 460 101 258.000	0.249	0.737
天康生物	420 401 275.890	590 489 428.420	342 942 719.260	0.111	0.091	6.873	64.648	1.424	3.787	3.425	2.438	235 937 626.510	0.581	0.409
上海梅林	877 810 379.490	1 842 814 072.740	819 721 672.700	0.005	0.005	2.470	5.646	0.501	1.489	1.133	0.732	120 270 718.240	0.445	0.494
恒顺醋业	670 926 969.840	2 196 470 492.630	458 870 861.710	0.094	0.064	0.506	15.736	0.323	2.524	1.206	0.464	291 359 477.070	0.209	0.691
通葡股份	70 363 692.170	503 076 891.790	430 529 974.580	0.003	0.017	0.387	0.511	0.138	0.386	4.458	2.893	250 839 111.590	0.856	0.144
伊利股份	16 338 985 866.000	7 524 759 122.000	2 611 148 797.000	0.132	0.021	10.056	64.773	2.518	5.293	0.819	0.474	-788 155 469.000	0.347	0.608
ST 古井 A	920 630 805.040	1 374 630 520.160	821 434 915.190	0.016	0.014	1.079	33.799	0.679	1.935	1.563	0.477	298 565 570.230	0.598	0.400
S 莲花味	1 855 718 810.000	3 841 824 102.000	1 559 611 619.000	0.014	0.012	6.234	2.587	0.457	1.528	0.900	0.770	-218 091 892.000	0.406	0.594

附表 A6 训练样本财务指标原始数据（CSRC 行业分类 C05）

股票简称	X1	X2	X3	X4	X5	X6	X7	X8	X9	X10	X11	X12	X13	X14
燕京啤酒	6 122 422 722.590	8 774 443 256.080	5 229 331 625.670	0.059	0.050	2.923	54.412	0.732	1.072	1.182	0.509	378 277 423.920	0.596	0.287
古越龙山	731 978 150.320	2 408 402 896.090	1 162 449 069.410	0.028	0.04	0.550	7.067	0.302	0.689	1.101	0.324	115 950 484.710	0.483	0.497
重庆啤酒	1 812 744 349.070	2 048 850 327.910	829 963 293.190	0.179	0.082	1.986	76.001	0.903	1.597	0.715	0.263	-313 814 624.420	0.405	0.565
大龙地产	464 744 179.480	1 150 331 776.500	306 511 658.870	0.074	0.049	0.469	8.127	0.393	28.732	1.275	0.499	230 806 270.000	0.266	0.729
伊力特	483 251 020.510	1 073 088 233.100	857 021 376.150	0.113	0.201	1.102	15.115	0.463	1.983	2.738	1.626	359 098 488.840	0.799	0.193

续表

股票简称	X1	X2	X3	X4	X5	X6	X7	X8	X9	X10	X11	X12	X13	X14
维维股份	3 145 627 654.180	2 653 991 071.130	1 450 708 807.610	0.049	0.022	8.412	14.641	1.122	2.696	1.265	0.937	259 510 010.340	0.547	0.372
青岛啤酒	11 677 159 588.000	9 589 433 246.000	5 223 721 630.000	0.083	0.037	4.445	106.914	1.218	2.156	0.949	0.497	-184 332 269.000	0.545	0.399
沱牌曲酒	811 087 407.870	2 519 735 649.370	1 664 783 477.300	0.012	0.025	0.724	19.939	0.344	0.994	1.331	0.429	281 431 739.420	0.661	0.337
山西汾酒	1 518 640 972.040	1 656 963 087.620	1 118 565 411.850	0.234	0.172	1.028	17.904	1.015	3.845	2.747	1.839	788 266 188.330	0.675	0.272
SST陈香	76 467 538.510	137 941 474.350	18 714 055.190	-1.629	-0.399	3.842	4.370	0.528	1.117	0.379	0.217	-74 083 085.610	0.136	0.864

附表 A7 训练样本财务指标原始数据（CSRC 行业分类 C11）

股票简称	X1	X2	X3	X4	X5	X6	X7	X8	X9	X10	X11	X12	X13	X14
深中冠A	240 613 550.000	445 576 711.000	292 773 431.000	0.103	0.125	2.838	3.216	0.511	1.441	1.829	1.287	108 757 354.000	0.657	0.325
深纺织A	555 783 680.870	660 297 042.800	338 389 884.800	0.020	0.012	7.483	10.983	0.842	1.671	1.049	0.751	10 617 257.100	0.512	0.332
常山股份	2 645 846 169.410	3 349 733 448.670	1 554 083 556.390	0.033	0.019	3.809	22.304	0.785	1.746	0.927	0.452	-93 435 413.480	0.464	0.534
丝绸股份	2 983 185 004.480	3 325 121 369.210	2 290 787 757.560	0.081	0.062	5.298	34.099	0.874	1.813	1.221	0.668	227 024 214.520	0.689	0.310
锦龙股份	250 137 264.660	1 312 927 426.560	437 333 639.490	0.017	0.029	0.269	18.869	0.165	0.722	1.686	0.541	339 774 897.820	0.333	0.645
鲁泰A	2 857 928 203.730	4 991 136 215.800	1 949 694 516.000	0.171	0.117	2.631	25.551	0.608	0.953	0.710	0.379	-707 863 453.320	0.391	0.571
中汇医药	85 941 792.040	203 850 727.860	139 404 525.170	0.051	0.082	1.345	3.286	0.431	1.203	1.444	1.152	27 682 402.510	0.684	0.316
华润锦华	812 191 726.570	850 044 516.180	331 984 578.150	0.130	0.053	5.167	21.281	1.026	1.976	0.769	0.437	-101 439 987.170	0.391	0.516
申达股份	4 779 309 780.360	2 507 100 793.930	1 565 842 954.400	0.070	0.023	23.920	23.557	1.868	5.702	1.665	1.445	489 705 241.530	0.625	0.312
S*ST美雅	284 889 605.220	551 173 800.850	-467 237 365.670	-0.012	0.020	2.673	11.714	0.402	0.639	0.174	0.088	-839 992 020.360	-0.848	1.848

附表 A8　训练样本财务指标原始数据（CSRC 行业分类 C13）

股票简称	X1	X2	X3	X4	X5	X6	X7	X8	X9	X10	X11	X12	X13	X14
远东股份	53 237 622.880	330 120 206.200	280 800 219.700	-0.139	-0.731	2.249	1.530	0.153	0.459	4.381	3.782	126 047 428.440	0.851	0.114
欣龙控股	163 531 598.130	955 369 755.840	414 035 235.890	0.002	0.006	1.148	3.588	0.175	0.329	1.228	0.820	62 175 985.270	0.433	0.547
七匹狼	483 822 069.180	596 372 537.280	362 095 549.860	0.142	0.107	2.994	20.397	0.967	3.044	1.707	1.003	157 064 940.440	0.607	0.373
宜科科技	247 070 216.370	488 780 384.590	350 609 112.480	0.174	0.247	4.427	3.954	0.532	1.364	3.727	2.996	194 072 486.390	0.717	0.146
东方金钰	158 842 354.190	913 535 907.000	328 741 718.100	0.033	0.068	0.618	9.528	0.218	1.673	3.136	1.562	370 849 669.000	0.360	0.453
雅戈尔	5 975 663 895.340	13 196 989 273.480	4 549 238 681.890	0.166	0.126	0.807	16.890	0.479	1.529	1.092	0.343	668 751 646.610	0.345	0.603
大杨创世	648 654 712.300	705 590 474.240	499 482 658.520	0.084	0.065	5.828	9.260	0.996	2.068	3.310	2.264	251 961 746.580	0.708	0.155
辽宁时代	1 889 297 564.890	932 785 501.610	472 506 508.540	0.031	0.008	6.913	10.407	2.143	9.924	1.886	1.000	341 583 311.570	0.507	0.414
杉杉股份	1 543 823 311.150	3 318 063 987.790	1 488 355 018.770	0.061	0.059	3.536	4.743	0.487	1.425	1.148	0.879	223 332 935.030	0.449	0.457
S*ST 天宇	1 542 778.600	26 232 092.490	-229 178 530.700	0.049	-7.276	8.111	1.044	0.058	0.082	0.023	0.022	-230 695 943.510	-8.737	9.737

附表 A9　训练样本财务指标原始数据（CSRC 行业分类 C31）

股票简称	X1	X2	X3	X4	X5	X6	X7	X8	X9	X10	X11	X12	X13	X14
景兴纸业	979 650 323.630	1 668 844 676.950	662 986 282.110	0.088	0.060	9.924	8.795	1.174	2.113	1.184	0.923	110 185 464.580	0.397	0.595
太阳纸业	5 172 331 084.230	6 827 005 251.310	2 036 491 698.000	0.144	0.057	11.398	28.694	1.515	3.230	0.855	0.646	-521 854 112.890	0.298	0.623
广博股份	660 849 063.600	881 168 733.420	535 813 239.680	0.116	0.094	7.835	13.772	1.500	5.420	2.094	1.666	332 131 319.830	0.608	0.358
福建南纸	1 489 752 800.530	2 822 313 463.820	1 145 706 438.050	0.010	0.008	9.444	4.454	0.537	0.893	0.627	0.539	-476 498 568.300	0.406	0.580
民丰特纸	954 916 295.650	2 197 833 946.090	822 558 196.880	0.007	0.006	5.029	7.127	0.422	0.623	0.455	0.326	-666 862 008.540	0.374	0.589

续表

股票简称	X1	X2	X3	X4	X5	X6	X7	X8	X9	X10	X11	X12	X13	X14
华泰股份	3 739 619 064.920	7 915 077 972.510	2 675 417 427.700	0.149	0.107	5.389	10.022	0.537	0.709	0.487	0.334	-1 942 246 193.500	0.338	0.644
恒丰纸业	753 492 518.530	1 566 019 421.580	738 540 827.890	0.054	0.053	4.261	5.084	0.500	0.793	1.332	0.958	133 271 128.510	0.472	0.518
冠豪高新	578 515 671.830	860 796 988.010	410 440 860.100	0.030	0.021	3.189	5.463	0.671	1.423	1.123	0.768	48 676 609.350	0.477	0.519
博汇纸业	2 630 323 845.960	3 416 047 780.250	1 415 183 851.810	0.103	0.056	4.417	7.436	0.830	1.264	1.034	0.594	36 544 184.560	0.414	0.573
S＊ST长控	13 698 580.450	107 883 703.400	-482 164 585.530	-0.018	0.627	1.336	4.236	0.128	0.374	0.037	0.026	-526 987 549.040	-4.469	5.494

附表 A10　训练样本财务指标原始数据（CSRC 行业分类 C43）

股票简称	X1	X2	X3	X4	X5	X6	X7	X8	X9	X10	X11	X12	X13	X14
辽通化工	2 480 360 012.510	4 480 661 136.390	1 807 112 101.350	0.049	0.036	8.679	75.925	0.575	0.705	0.507	0.351	-773 651 187.220	0.403	0.597
川化股份	1 512 874 137.360	2 686 384 170.660	1 674 686 422.690	0.082	0.091	4.686	109.804	0.596	0.853	1.297	0.836	165 475 500.090	0.623	0.340
湖北宜化	2 986 813 099.010	5 399 648 348.450	1 421 909 984.000	0.151	0.072	6.456	34.225	0.691	1.030	1.218	0.923	358 629 231.710	0.263	0.627
金路集团	2 522 727 007.390	2 725 853 394.000	1 135 064 647.840	0.062	0.028	4.538	35.784	0.849	1.734	0.823	0.548	-232 461 479.620	0.416	0.570
攀渝钛业	616 643 139.280	662 142 591.150	358 582 532.740	0.058	0.034	8.353	20.211	0.896	1.257	0.707	0.483	-80 392 709.470	0.542	0.445
广州浪奇	836 874 486.050	644 315 317.500	429 389 345.500	0.025	0.013	6.626	8.867	1.323	4.460	1.981	1.454	197 387 135.800	0.666	0.333
红太阳	2 827 389 554.790	2 332 890 699.790	618 304 032.610	0.053	0.012	5.005	31.759	1.299	4.632	0.977	0.583	-34 272 285.490	0.265	0.690
沙隆达 A	1 402 296 005.040	1 617 094 926.820	900 295 089.220	0.025	0.016	3.520	7.740	0.854	2.920	1.603	1.040	356 599 036.490	0.557	0.428
盐湖钾肥	2 581 588 033.480	5 719 767 528.960	2 078 133 482.660	0.391	0.315	1.696	61.892	0.499	0.949	3.306	2.727	2 032 529 082.920	0.363	0.413
S＊ST生化	674 900 344.380	1 705 459 105.630	-192 290 773.450	0.397	-0.113	2.188	4.288	0.356	0.662	0.357	0.196	-994 474 535.970	-0.113	1.016

附表 A11　训练样本财务指标原始数据（CSRC 行业分类 C47）

股票简称	X1	X2	X3	X4	X5	X6	X7	X8	X9	X10	X11	X12	X13	X14
华峰氨纶	763 032 662.080	1 052 360 677.830	792 577 454.780	0.075	0.078	10.972	17.183	1.450	2.049	1.185	0.741	47 943 935.770	0.753	0.247
中材科技	623 091 737.660	1 140 626 543.750	608 588 562.090	0.093	0.091	7.644	10.567	1.093	3.017	2.724	2.209	406 993 936.270	0.534	0.445
皖维高新	1 395 928 714.550	1 979 418 514.170	614 866 103.240	0.069	0.030	7.559	11.471	0.691	1.002	0.401	0.269	-719 658 133.980	0.311	0.677
江南高纤	601 894 267.210	514 561 054.620	323 288 997.260	0.161	0.086	5.052	29.739	1.143	2.796	1.554	0.947	96 562 163.390	0.628	0.339
太极实业	1 131 137 091.960	1 245 163 759.760	550 873 925.220	0.030	0.014	6.412	7.858	0.904	2.364	1.159	0.921	99 323 984.080	0.442	0.506
辽源得亨	193 311 520.450	1 474 549 797.950	287 180 208.160	-0.308	-0.458	0.881	7.613	0.130	0.239	0.981	0.525	-9 436 443.980	0.195	0.734
神马实业	2 844 895 797.560	5 068 432 825.850	2 715 382 807.600	0.008	0.008	11.648	3.184	0.585	1.320	1.145	1.000	242 103 467.180	0.536	0.436
南京化纤	565 536 513.410	1 587 179 955.200	665 473 909.690	0.033	0.039	4.431	42.574	0.390	0.649	0.792	0.625	-148 833 578.050	0.419	0.581
S华源	1 696 413 247.230	3 303 238 017.340	-241 454 077.260	3.940	-0.561	4.278	7.554	0.364	0.703	0.339	0.256	-1 968 519 405.360	-0.073	1.001
中纺投资	1 225 732 288.890	767 130 342.230	509 496 465.790	0.029	0.012	5.472	41.240	1.657	5.585	1.752	0.945	191 123 817.140	0.664	0.332

附表 A12　训练样本财务指标原始数据（CSRC 行业分类 C49）

股票简称	X1	X2	X3	X4	X5	X6	X7	X8	X9	X10	X11	X12	X13	X14
胜利股份	1 025 575 427.920	1 721 778 223.030	619 561 582.830	0.064	0.039	4.262	13.112	0.654	1.380	0.774	0.525	-207 904 986.300	0.360	0.610
海螺型材	3 955 400 350.800	2 581 704 715.390	1 507 882 994.930	0.093	0.035	6.865	2 156.297	1.587	2.895	1.398	0.712	338 499 350.470	0.584	0.345
珠海中富	2 256 047 803.950	5 691 217 901.420	1 940 048 130.360	0.054	0.046	2.965	5.303	0.417	0.684	0.786	0.576	-587 425 040.050	0.341	0.552
武汉塑料	369 761 654.970	590 749 896.610	120 703 028.080	0.190	0.062	5.286	5.967	0.651	1.317	0.618	0.471	-161 578 258.870	0.204	0.716
国风塑业	994 331 025.190	1 986 706 745.400	1 032 580 260.870	0.020	0.020	11.723	7.243	0.494	1.091	0.760	0.646	-200 536 527.060	0.520	0.465

续表

股票简称	X1	X2	X3	X4	X5	X6	X7	X8	X9	X10	X11	X12	X13	X14
佛塑股份	3 830 598 468.510	4 650 437 767.830	1 320 646 220.430	-0.071	-0.025	7.902	11.344	0.810	1.752	0.659	0.485	-981 986 114.480	0.284	0.669
江苏琼花	296 086 004.080	550 198 963.300	306 091 325.000	0.033	0.034	5.010	7.893	0.539	1.143	1.146	0.867	29 121 609.000	0.556	0.408
永新股份	718 899 070.650	565 302 371.980	365 999 675.040	0.129	0.066	6.877	8.485	1.361	2.703	1.501	0.994	94 350 660.000	0.647	0.336
金发科技	4 651 811 484.860	2 882 407 988.980	1 241 054 942.240	0.247	0.066	6.471	6.613	1.893	10.238	1.502	1.050	788 534 145.530	0.431	0.560
S＊ST嘉瑞	339 627 276.130	605 450 798.820	-609 045 330.030	-0.023	0.041	9.623	11.718	0.497	1.350	0.117	0.096	-1 040 901 769.060	-1.006	2.004

附表 A13 训练样本财务指标原始数据（CSRC 行业分类 C5）

股票简称	X1	X2	X3	X4	X5	X6	X7	X8	X9	X10	X11	X12	X13	X14
TCL 集团	46 855 233 000.000	21 961 243 000.000	2 975 003 381.000	-0.650	-0.041	6.603	7.809	1.802	11.707	4.655	3.229	13 176 069 000.000	0.135	0.164
宝石 A	60 312 797.910	402 812 336.840	200 203 658.090	-0.389	-1.293	1.477	1.387	0.097	0.384	1.173	1.047	33 523 659.720	0.497	0.480
华工科技	721 513 388.770	1 564 566 810.590	745 416 155.620	0.047	0.049	1.947	2.368	0.490	1.579	1.561	1.103	351 953 517.360	0.476	0.472
夏新电子	5 513 012 997.330	4 305 010 298.880	630 368 174.840	0.038	0.004	2.980	9.314	1.286	7.966	0.960	0.571	-140 769 457.390	0.146	0.830
厦日股份	1 740 075 680.640	1 601 955 487.480	334 716 829.510	0.015	0.003	33.812	16.294	1.072	7.323	0.804	0.759	-239 465 228.120	0.209	0.768
精伦电子	233 524 358.490	743 824 517.480	629 369 384.290	0.004	0.011	1.232	2.006	0.322	0.989	4.131	2.937	365 896 639.880	0.846	0.157
科大创新	109 699 995.130	252 475 597.080	127 663 850.170	0.028	0.033	2.310	3.064	0.438	1.018	1.245	0.961	26 167 470.170	0.506	0.428
达拉电子	490 886 263.870	867 703 012.390	786 795 595.140	0.136	0.218	3.289	3.752	0.589	1.653	7.017	5.788	465 196 692.810	0.907	0.093
SST华发 A	161 208 668.370	376 031 844.210	223 842 836.530	-0.087	-0.121	6.975	2.238	0.421	0.659	0.912	0.818	-13 346 923.780	0.595	0.405
SST博讯	183 336 876.500	199 287 354.400	16 236 567.130	-3.807	-0.337	7.468	4.265	0.984	4.074	0.703	0.591	-54 318 833.990	0.081	0.919

附表 A14　训练样本财务指标原始数据（CSRC 行业分类 C51）

股票简称	X1	X2	X3	X4	X5	X6	X7	X8	X9	X10	X11	X12	X13	X14
深赛格	1 905 666 024.660	3 153 787 837.020	1 220 730 607.170	-0.055	-0.035	11.319	5.187	0.576	1.363	0.686	0.572	-487 191 883.580	0.387	0.518
京东方 A	8 781 394 325.000	16 212 082 151.000	3 540 702 703.000	-0.486	-0.196	6.251	6.071	0.473	0.886	0.663	0.476	-2 277 032 126.000	0.218	0.735
振华科技	1 662 688 326.910	2 723 462 661.000	1 880 768 544.000	0.011	0.012	3.067	4.215	0.636	1.778	2.480	1.703	893 576 906.000	0.691	0.245
超声电子	1 873 249 946.950	2 639 968 681.320	949 068 617.400	0.086	0.044	4.770	3.710	0.748	1.349	1.230	0.843	215 179 698.910	0.359	0.565
航天电器	319 745 687.260	637 235 715.740	502 167 677.870	0.228	0.359	1.879	4.197	0.551	2.730	6.765	5.836	412 979 447.730	0.788	0.139
联创光电	1 545 981 760.260	2 005 944 258.970	759 504 945.540	0.060	0.029	4.203	3.796	0.810	2.059	1.618	1.167	419 335 479.300	0.379	0.486
土兰微	874 177 095.350	1 479 918 105.220	648 248 735.170	0.090	0.067	3.153	6.949	0.649	1.230	0.881	0.502	-78 886 196.730	0.438	0.549
长电科技	1 954 598 699.240	2 881 655 246.180	810 832 322.750	0.111	0.046	7.588	6.225	0.735	1.165	0.449	0.323	-1 018 144 472.620	0.281	0.694
新疆实业	1 297 791 604.550	3 038 791 243.000	1 446 235 729.000	0.016	0.017	1.003	7.619	0.439	1.961	1.461	0.498	646 649 407.000	0.476	0.462
S力元	512 765 076.900	635 323 154.450	310 216 293.300	0.022	0.013	6.485	5.708	0.811	1.687	0.972	0.732	-9 016 060.860	0.488	0.512

附表 A15　训练样本财务指标原始数据（CSRC 行业分类 C55）

股票简称	X1	X2	X3	X4	X5	X6	X7	X8	X9	X10	X11	X12	X13	X14
深康佳 A	12 656 150 985.550	9 952 185 214.150	3 301 759 715.430	0.031	0.008	3.034	15.542	1.327	9.610	1.336	0.779	2 140 692 328.500	0.332	0.644
四川湖山	720 066 651.380	286 938 348.640	123 095 426.630	0.046	0.008	13.045	17.843	2.757	12.354	1.148	0.834	19 835 197.240	0.429	0.523
沧州明珠	326 249 391.040	308 278 732.970	143 954 408.200	0.213	0.094	10.976	7.146	2.117	6.976	1.308	1.013	50 523 505.910	0.467	0.533
海信电器	11 824 706 153.600	5 385 518 716.480	2 650 602 464.370	0.047	0.011	5.311	26.712	2.164	11.211	1.788	1.035	1 751 032 923.880	0.492	0.462
浙江阳光	1 588 736 309.090	1 625 506 278.480	793 262 947.260	0.136	0.068	8.066	6.647	1.073	4.226	1.606	1.338	444 761 314.910	0.488	0.463

续表

股票简称	X1	X2	X3	X4	X5	X6	X7	X8	X9	X10	X11	X12	X13	X14
广电信息	4 183 896 778.180	6 116 691 762.380	2 499 771 941.360	0.005	0.003	8.229	3.761	0.623	4.252	0.947	0.812	-182 557 099.040	0.409	0.564
彩虹股份	2 061 254 022.000	2 144 410 636.000	1 389 659 618.000	0.014	0.010	11.648	6.563	0.943	2.416	1.721	1.452	492 727 676.000	0.648	0.320
大显股份	854 109 477.140	3 207 663 589.490	1 215 260 295.960	0.018	0.026	0.910	3.148	0.267	1.022	1.213	0.789	413 622 952.330	0.379	0.612
四川长虹	18 757 318 138.200	16 569 973 165.860	8 960 337 550.490	0.034	0.016	3.148	7.453	1.158	6.857	1.637	0.911	4 654 529 393.610	0.541	0.442
合肥三洋	509 725 366.860	714 084 503.900	540 827 740.380	0.094	0.100	2.687	9.872	0.734	3.215	3.246	2.572	370 291 121.730	0.757	0.243

附表 A16　训练样本财务指标原始数据（CSRC 行业分类 C61）

股票简称	X1	X2	X3	X4	X5	X6	X7	X8	X9	X10	X11	X12	X13	X14
瑞茂科技	180 246 858.410	345 807 825.950	200 933 556.470	0.080	0.089	3.365	5.725	1.042	3.996	2.139	1.396	125 104 128.250	0.581	0.419
鲁阳股份	503 119 607.920	811 269 794.620	514 945 542.760	0.155	0.158	7.983	8.085	1.240	4.200	1.829	1.549	223 798 195.950	0.635	0.362
冠福家用	329 386 562.160	724 869 439.540	375 298 331.340	0.091	0.103	3.740	7.305	0.909	2.246	1.318	0.952	104 275 389.110	0.518	0.452
黄河旋风	654 224 731.500	1 848 137 611.000	968 900 111.000	0.058	0.086	2.053	2.250	0.380	0.685	1.150	0.849	98 776 129.000	0.524	0.476
江泉实业	975 175 147.000	2 040 595 520.000	1 291 793 695.000	-0.029	-0.038	2.236	12.496	0.465	0.773	1.215	0.678	156 011 224.100	0.633	0.356
秦岭水泥	799 632 534.840	1 941 404 307.110	510 677 796.260	-0.346	-0.221	6.217	4.511	0.399	0.631	0.391	0.286	-663 179 478.950	0.263	0.734
西水股份	447 547 935.010	1 096 815 265.840	556 255 007.280	-0.222	-0.276	4.879	7.220	0.379	0.817	0.666	0.530	-153 576 895.320	0.507	0.473
国栋建设	370 811 681.830	1 519 574 560.200	1 169 097 722.780	0.033	0.105	1.302	14.560	0.246	0.385	1.547	0.416	186 918 459.360	0.769	0.225
青松建化	511 794 063.420	1 412 145 541.630	533 777 171.500	0.082	0.086	2.349	4.935	0.376	0.745	0.722	0.510	-223 184 614.560	0.378	0.597
*ST江泥	806 059 034.640	2 071 945 020.900	572 821 147.630	0.021	0.015	5.403	20.447	0.398	0.553	0.336	0.164	-561 271 354.320	0.276	0.666

附表 A17　训练样本财务指标原始数据（CSRC 行业分类 C65）

股票简称	X1	X2	X3	X4	X5	X6	X7	X8	X9	X10	X11	X12	X13	X14
长城股份	2 877 225 365.520	1 914 825 035.330	546 711 417.990	-0.498	-0.095	3.513	17.159	1.375	3.746	0.807	0.298	-263 210 912.700	0.286	0.714
新钢钒	15 809 437 464.010	20 309 348 247.650	8 712 050 334.380	0.094	0.052	5.547	112.392	0.932	1.271	0.829	0.363	-1 071 403 751.850	0.429	0.563
大冶特钢	4 543 900 208.000	2 958 462 131.000	1 322 031 965.000	0.240	0.070	5.822	52.378	1.482	2.682	0.997	0.430	-3 209 673.000	0.447	0.553
唐钢股份	27 687 817 820.460	28 625 977 692.520	9 067 544 934.670	0.158	0.052	7.199	348.926	1.042	2.052	0.928	0.667	-1 066 608 968.090	0.317	0.667
韶钢松山	12 406 490 168.770	12 266 409 042.330	5 325 302 377.940	0.078	0.034	4.698	10 805.016	1.011	1.455	0.733	0.304	-1 407 128 251.320	0.434	0.566
本钢板材	24 691 457 924.790	26 911 594 005.450	16 037 701 834.450	0.103	0.067	9.052	36.025	1.428	2.415	1.091	0.664	810 966 823.470	0.596	0.404
太钢不锈	40 086 117 371.680	40 822 614 460.430	13 282 135 313.470	0.182	0.060	5.336	32.488	1.522	2.773	0.964	0.419	-642 745 687.110	0.325	0.660
数钢股份	54 596 000 000.000	58 430 000 000.000	29 834 000 000.000	0.229	0.125	8.393	87.876	1.502	2.160	0.678	0.258	-5 529 000 000.000	0.511	0.489
凌钢股份	5 972 295 418.990	3 358 944 715.530	2 655 139 842.990	0.135	0.060	6.275	335.714	1.858	5.537	3.482	2.458	1 588 358 951.010	0.790	0.210
SST东碳	46 461 485.040	266 868 036.790	-22 649 624.180	1.436	-0.700	0.809	0.931	0.163	1.428	0.784	0.645	-61 561 624.470	-0.085	1.085

附表 A18　训练样本财务指标原始数据（CSRC 行业分类 C67）

股票简称	X1	X2	X3	X4	X5	X6	X7	X8	X9	X10	X11	X12	X13	X14
中金岭南	6 240 230 182.460	7 197 873 469.810	3 230 162 647.480	0.351	0.182	2.169	28.917	1.044	2.877	1.678	0.751	1 811 410 525.610	0.449	0.538
焦作万方	4 042 265 673.950	3 064 446 328.740	1 046 293 021.170	0.264	0.068	9.346	85.288	1.375	2.561	0.809	0.555	-298 382 574.820	0.341	0.658
铜都铜业	18 645 578 588.130	10 406 165 682.040	4 021 817 223.820	0.145	0.031	7.840	45.333	1.988	3.673	1.032	0.539	151 600 170.390	0.386	0.585
中鸽高新	1 351 799 040.550	1 070 903 482.620	529 731 149.690	-0.148	-0.058	1.699	36.223	1.144	11.785	2.064	0.422	485 177 212.200	0.495	0.426
锌业股份	6 701 823 552.880	7 649 615 984.090	3 031 700 975.680	0.079	0.036	4.757	5.448	0.959	3.178	1.022	0.604	91 204 995.040	0.396	0.604

附 录

续表

股票简称	X1	X2	X3	X4	X5	X6	X7	X8	X9	X10	X11	X12	X13	X14
云铝股份	6 725 112 640.370	5 564 341 756.530	1 850 281 374.010	0.169	0.047	5.726	510.856	1.322	2.148	1.157	0.582	292 461 233.140	0.333	0.641
关铝股份	2 250 347 562.310	3 254 295 995.090	1 093 192 672.330	0.045	0.022	4.581	10.732	0.580	1.894	0.753	0.546	-493 534 113.010	0.336	0.665
云南铜业	28 062 200 113.230	14 905 176 065.770	3 542 313 851.500	0.340	0.043	5.183	105.921	2.410	12.023	1.200	0.508	2 050 227 575.680	0.238	0.751
江西铜业	25 435 058 416.000	18 749 967 069.000	12 560 926 792.000	0.367	0.181	3.755	46.223	1.595	3.143	2.148	0.794	5 205 222 640.000	0.670	0.308
S兰铝	3 476 538 082.030	6 944 178 728.200	3 173 840 618.410	0.088	0.080	4.161	39.777	0.611	0.888	1.474	0.919	591 254 960.270	0.457	0.485

附表 A19　训练样本财务指标原始数据（CSRC 行业分类 C69）

股票简称	X1	X2	X3	X4	X5	X6	X7	X8	X9	X10	X11	X12	X13	X14
中集集团	33 167 801 390.380	22 923 368 482.990	11 117 446 041.230	0.249	0.084	7.084	7.683	1.654	6.470	1.485	1.020	4 927 902 551.670	0.485	0.478
方大A	671 358 576.770	1 125 006 290.660	425 135 885.040	0.019	0.012	5.905	1.800	0.577	1.424	0.889	0.741	-76 494 014.800	0.378	0.618
金德发展	150 965 927.710	265 866 096.910	124 548 578.840	0.063	0.052	3.632	2.528	0.606	1.549	1.294	1.054	38 440 736.170	0.468	0.492
新兴铸管	10 801 232 257.840	10 304 051 853.860	4 282 738 619.090	0.107	0.042	3.793	9.552	1.130	3.589	1.399	0.988	1 982 343 226.730	0.416	0.494
法尔胜	1 959 445 286.240	3 795 094 266.070	961 296 322.410	0.027	0.013	2.825	3.346	0.524	1.452	0.931	0.688	-171 073 810.560	0.253	0.669
福星科技	2 451 680 527.440	4 690 121 917.600	1 777 359 820.760	0.145	0.105	1.196	7.009	0.601	1.775	2.240	0.847	1 812 791 294.190	0.379	0.614
山东威达	287 882 235.340	560 549 940.180	455 338 858.110	0.068	0.108	1.970	4.439	0.504	2.006	3.730	2.531	286 448 448.880	0.812	0.187
苏泊尔	2 078 933 841.010	1 678 188 961.140	773 207 542.960	0.132	0.049	4.388	13.213	1.374	3.760	1.391	0.908	302 131 982.660	0.461	0.460
华帝股份	1 189 656 842.070	828 721 845.520	321 140 810.700	0.084	0.023	8.912	12.331	1.630	6.304	0.879	0.682	-60 439 313.410	0.388	0.608
成霖股份	1 661 617 472.920	1 161 289 513.240	697 083 734.390	0.047	0.020	7.289	6.639	1.495	10.111	2.605	2.006	612 918 848.010	0.600	0.329

附表 A20　训练样本财务指标原始数据（CSRC 行业分类 C71）

股票简称	X1	X2	X3	X4	X5	X6	X7	X8	X9	X10	X11	X12	X13	X14
沈阳机床	5 283 559 289.780	5 524 856 301.960	1 174 659 906.380	0.113	0.025	3.463	4.839	0.979	4.068	0.954	0.617	−191 600 507.530	0.213	0.775
银河动力	185 453 207.060	509 369 147.230	373 873 620.430	0.084	0.169	2.453	3.976	0.348	1.361	2.027	1.504	129 470 066.240	0.734	0.264
大冷股份	1 602 094 861.090	2 212 545 989.710	1 496 160 022.720	0.078	0.073	5.007	5.272	0.733	4.433	1.705	1.256	400 290 739.940	0.676	0.289
创元科技	1 449 382 608.130	1 771 772 510.590	703 584 178.050	0.196	0.095	3.064	10.568	0.871	3.409	1.354	0.920	296 169 188.840	0.397	0.506
苏常柴 A	1 842 642 939.760	1 798 196 864.450	987 076 362.990	0.107	0.058	5.060	7.353	1.016	4.253	1.397	1.021	306 963 976.810	0.549	0.455
威孚高科	2 481 157 299.470	4 865 134 909.730	2 204 347 045.120	0.040	0.036	2.559	3.691	0.531	2.147	1.100	0.802	243 071 410.790	0.453	0.502
西北轴承	451 893 940.550	957 310 323.380	379 405 085.910	0.027	0.023	1.437	1.028	0.483	2.980	1.372	0.973	209 818 526.730	0.396	0.597
中核科技	363 640 315.980	543 273 678.600	300 592 604.780	0.043	0.036	2.796	3.430	0.692	2.863	1.579	1.064	123 294 649.040	0.553	0.441
轴研科技	192 155 064.690	355 060 398.630	297 313 853.130	0.105	0.162	2.403	9.043	0.561	2.404	4.666	3.604	195 191 741.930	0.837	0.163
S 天一科	237 627 852.880	822 471 617.420	334 772 174.780	0.008	0.011	1.751	1.595	0.286	1.340	0.766	0.569	−113 852 979.550	0.407	0.591

附表 A21　训练样本财务指标原始数据（CSRC 行业分类 C73）

股票简称	X1	X2	X3	X4	X5	X6	X7	X8	X9	X10	X11	X12	X13	X14
精工科技	399 321 753.800	1 008 813 519.920	337 823 249.220	0.007	0.006	2.290	3.180	0.410	1.080	0.896	0.655	−65 171 052.330	0.335	0.624
天奇股份	256 482 770.860	713 320 304.480	318 247 244.150	0.084	0.104	1.011	2.702	0.419	4.218	1.665	1.050	246 843 149.640	0.446	0.522
威尔科技	67 460 514.300	301 100 808.070	236 057 168.960	0.002	0.006	1.232	1.291	0.224	0.748	2.651	2.224	105 015 597.990	0.784	0.215
中捷股份	763 658 632.790	1 109 276 717.490	475 743 222.780	0.151	0.094	2.139	4.996	0.662	2.897	1.323	0.932	198 665 097.550	0.429	0.554
巨轮股份	262 571 800.960	916 940 110.780	540 814 441.870	0.124	0.255	1.767	5.449	0.309	0.604	0.670	0.464	−119 179 693.340	0.590	0.409

续表

股票简称	X1	X2	X3	X4	X5	X6	X7	X8	X9	X10	X11	X12	X13	X14
山河智能	637 298 848.280	990 730 141.940	518 668 912.740	0.156	0.127	3.841	15.477	1.287	10.488	2.073	1.483	435 993 397.590	0.524	0.475
万东医疗	514 811 927.490	793 571 548.990	445 192 826.000	0.066	0.057	1.570	5.162	0.624	1.948	1.518	0.884	170 018 595.840	0.561	0.432
江南重工	787 477 152.580	1 508 724 510.000	1 026 662 572.540	0.013	0.017	3.378	5.148	0.569	1.788	1.893	1.363	430 533 781.020	0.680	0.320
夏工股份	3 383 268 194.890	2 322 058 508.020	960 213 943.620	0.056	0.016	2.619	16.858	1.512	8.906	1.298	0.427	401 789 300.020	0.414	0.586
S宣工	554 236 257.900	779 831 188.800	376 208 206.900	0.009	0.006	1.223	10.683	0.692	3.169	1.172	0.238	68 719 813.100	0.482	0.518

附表 A22　训练样本财务指标原始数据（CSRC 行业分类 C75）

股票简称	X1	X2	X3	X4	X5	X6	X7	X8	X9	X10	X11	X12	X13	X14
江铃汽车	7 368 551 143.000	5 237 681 567.000	3 040 097 321.000	0.199	0.082	9.155	42.767	1.488	4.591	1.564	1.275	1 161 611 152.000	0.580	0.395
万向钱潮	3 374 174 579.000	5 178 436 349.560	1 763 739 740.120	0.099	0.052	3.395	6.704	0.664	1.564	0.963	0.666	−103 513 645.260	0.341	0.566
新大洲 A	1 808 829 739.980	2 056 853 187.590	889 893 363.410	0.012	0.006	4.085	13.097	0.922	2.607	0.966	0.572	−38 146 524.190	0.433	0.555
襄阳轴承	274 192 662.930	633 894 541.290	378 714 669.840	0.057	0.079	1.479	2.279	0.419	1.573	1.271	0.757	69 082 213.940	0.597	0.403
模塑科技	979 793 259.620	2 496 452 032.000	896 369 035.000	0.040	0.037	5.457	6.183	0.437	0.993	0.626	0.531	−587 950 300.400	0.359	0.636
博盈投资	388 995 099.070	609 525 995.120	221 699 441.040	0.236	0.134	3.855	3.543	0.695	3.184	1.282	0.967	98 091 601.260	0.364	0.627
西飞国际	1 781 035 020.390	3 202 998 038.580	2 043 280 497.120	0.031	0.035	1.294	10.816	0.601	1.729	1.854	0.667	918 673 401.700	0.638	0.336
一汽轿车	9 957 457 897.000	8 236 332 191.000	5 385 520 357.000	0.065	0.035	6.617	48.086	1.230	4.625	1.945	1.443	2 637 707 582.000	0.654	0.343
东风汽车	10 071 248 977.120	10 919 278 584.500	4 811 153 765.000	0.090	0.043	5.204	15.934	0.975	4.678	1.388	1.099	2 294 625 644.820	0.441	0.542
ST天仪	148 658 025.170	244 649 577.570	99 781 948.090	0.012	0.008	2.985	3.591	0.621	1.554	1.020	0.745	2 855 807.660	0.408	0.592

附表 A23 训练样本财务指标原始数据（CSRC 行业分类 C76）

股票简称	X1	X2	X3	X4	X5	X6	X7	X8	X9	X10	X11	X12	X13	X14
德赛电池	869 202 264.640	609 737 126.570	175 521 487.390	0.114	0.023	9.125	3.525	1.438	7.659	1.189	0.943	68 720 073.230	0.288	0.597
许继电气	2 001 467 846.560	4 603 009 770.590	2 026 270 095.190	0.063	0.064	1.869	1.853	0.466	1.970	1.507	1.157	1 171 957 124.140	0.440	0.521
小天鹅 A	4 256 337 912.560	3 617 546 009.060	1 187 069 743.970	0.035	0.010	4.765	8.008	1.206	7.058	1.068	0.731	157 221 621.280	0.328	0.637
美的电器	20 138 829 197.620	12 442 024 812.450	3 483 133 431.170	0.145	0.025	4.329	22.321	1.827	6.812	1.032	0.485	252 756 420.910	0.280	0.638
佛山照明	1 229 577 781.260	2 658 609 463.350	2 366 561 851.030	0.100	0.193	4.383	8.114	0.471	1.345	5.620	4.783	1 227 676 532.310	0.890	0.100
东北电气	537 960 970.520	1 293 246 201.340	829 159 133.770	0.035	0.054	5.206	2.250	0.420	1.222	1.590	1.394	206 003 932.070	0.641	0.270
格力电器	23 802 878 575.050	15 994 070 092.070	3 113 029 116.610	0.202	0.026	4.678	24.127	1.660	9.243	0.992	0.591	-96 395 163.750	0.195	0.803
华东科技	435 754 565.810	1 896 539 040.900	960 240 524.080	0.016	0.035	5.722	2.862	0.223	1.087	0.485	0.409	-451 677 135.110	0.506	0.473
银河科技	1 015 226 643.270	3 385 513 477.620	1 062 839 174.200	-0.173	-0.181	2.281	1.513	0.299	0.730	0.893	0.673	-196 093 198.300	0.314	0.676
S＊ST 长岭	330 195 535.570	663 870 845.070	-609 764 669.170	0.117	-0.216	2.575	6.592	0.512	1.350	0.250	0.153	-967 295 463.220	-0.918	1.951

附表 A24 训练样本财务指标原始数据（CSRC 行业分类 C78）

股票简称	X1	X2	X3	X4	X5	X6	X7	X8	X9	X10	X11	X12	X13	X14
华立药业	2 687 194 839.710	3 199 042 778.000	807 109 052.900	0.006	0.002	6.600	3.916	0.902	3.094	1.062	0.881	113 659 923.000	0.252	0.677
时代科技	248 470 664.240	662 776 906.870	367 693 267.180	0.071	0.105	1.414	6.534	0.390	1.532	1.363	0.928	97 864 548.800	0.555	0.407
思达高科	801 737 080.210	1 509 178 310.300	446 816 298.420	0.068	0.038	2.662	2.376	0.554	3.137	1.229	0.954	214 438 361.460	0.296	0.644
航天科技	192 820 597.290	685 681 580.670	366 988 165.880	-0.027	-0.051	0.890	1.678	0.280	1.070	1.630	0.967	161 022 284.780	0.535	0.398
金马股份	344 971 505.860	747 649 147.960	419 757 431.460	0.036	0.044	2.669	3.932	0.475	1.256	1.268	0.860	83 365 366.970	0.561	0.423

续表

股票简称	X1	X2	X3	X4	X5	X6	X7	X8	X9	X10	X11	X12	X13	X14
威尔泰	115 846 660.560	243 571 292.710	156 301 245.900	0.050	0.067	2.947	7.959	0.951	4.061	2.209	1.620	101 020 257.390	0.642	0.351
凤凰光学	828 061 347.050	990 544 583.750	498 860 580.460	0.068	0.041	4.712	8.287	0.843	1.975	1.443	1.026	143 859 420.320	0.504	0.350
宁波韵升	4 204 368 834.040	2 003 981 685.250	735 801 667.460	0.112	0.020	16.583	12.809	2.333	6.491	1.142	0.839	146 941 187.180	0.367	0.590
阳之光	645 918 974.040	582 791 423.780	246 210 687.030	0.100	0.038	5.977	17.629	1.359	2.599	0.581	0.345	-126 045 120.730	0.422	0.516
ST仪表	264 261 238.560	783 420 526.030	158 111 145.820	0.056	0.034	1.216	2.082	0.318	1.002	0.632	0.385	-223 692 637.440	0.202	0.791

附表 A25　训练样本财务指标原始数据（CSRC 行业分类 C81）

股票简称	X1	X2	X3	X4	X5	X6	X7	X8	X9	X10	X11	X12	X13	X14
海王生物	2 690 784 500.590	3 522 390 456.220	716 326 543.880	0.059	0.016	7.243	4.984	0.717	3.616	0.952	0.826	-120 799 581.970	0.203	0.753
丰原药业	521 294 703.790	1 065 594 356.940	615 376 547.850	0.036	0.042	5.303	2.701	0.483	1.088	1.161	1.003	71 672 248.640	0.577	0.418
丽珠集团	1 510 051 357.880	2 458 399 176.270	1 339 526 947.250	0.104	0.092	3.099	6.116	0.653	1.465	1.221	0.924	209 132 519.330	0.545	0.439
白云山 A	2 742 374 303.590	2 788 802 195.100	693 345 170.150	0.021	0.005	3.908	11.352	0.984	2.649	0.637	0.395	-707 852 361.650	0.249	0.737
云南白药	3 200 335 513.850	2 191 371 489.190	1 053 635 863.400	0.262	0.086	3.953	22.637	1.688	12.611	1.796	1.150	802 439 694.610	0.481	0.477
紫光古汉	286 824 832.900	545 358 971.710	271 295 640.290	0.011	0.010	3.031	1.324	0.474	1.663	1.325	1.189	89 037 070.210	0.497	0.503
东北制药	1 918 238 411.720	2 207 513 039.250	927 487 072.240	0.021	0.010	3.643	3.395	0.852	3.385	1.295	0.929	350 829 078.460	0.420	0.580
吉林敖东	770 228 862.530	3 006 509 630.800	1 775 776 742.850	0.218	0.504	2.017	3.062	0.279	0.859	0.986	0.837	-12 029 726.250	0.591	0.314
广州药业	10 241 003 505.000	5 409 413 036.000	2 788 087 948.000	0.082	0.022	6.846	8.843	1.949	7.173	1.600	1.044	1 430 629 646.000	0.515	0.454
S＊ST集琦	187 007 867.900	757 882 189.370	334 108 628.700	0.042	0.075	4.493	5.403	0.192	0.607	0.349	0.258	-239 501 015.730	0.441	0.546

附录

附表 A26　训练样本财务指标原始数据（CSRC 行业分类 C85）

股票简称	X1	X2	X3	X4	X5	X6	X7	X8	X9	X10	X11	X12	X13	X14
同洲电子	1 075 690 387.960	1 088 127 828.980	576 941 412.550	0.105	0.056	10.875	6.245	1.977	12.515	1.781	1.467	393 209 643.540	0.530	0.464
天坛生物	413 781 166.040	1 064 552 879.900	656 097 993.260	0.154	0.244	0.921	4.053	0.433	1.230	2.090	1.216	269 613 586.900	0.616	0.335
交大昂立	504 978 166.200	1 728 091 760.920	963 157 813.100	0.042	0.079	0.820	5.510	0.280	1.152	1.895	1.216	464 128 090.140	0.557	0.365
北生药业	135 432 459.600	1 839 510 505.000	757 607 652.800	-0.274	-1.532	1.108	0.580	0.072	0.097	0.481	0.405	-479 867 440.700	0.412	0.566
钱江生化	429 189 788.400	923 175 384.290	459 853 418.400	0.066	0.071	1.963	9.444	0.488	1.380	1.116	0.699	47 063 947.140	0.498	0.476
星湖科技	751 907 688.420	1 409 068 111.310	892 025 342.520	0.019	0.023	3.753	8.951	0.542	0.963	1.085	0.647	35 364 828.080	0.633	0.367
ST银广夏	17 669 020.030	380 212 641.930	-465 489 299.620	0.039	-1.034	0.699	1.353	0.040	0.085	0.125	0.085	-733 931 024.550	-1.224	2.224
四环生物	281 083 582.790	1 228 531 826.970	1 004 933 906.890	0.007	0.025	1.360	1.771	0.223	0.659	3.066	2.238	448 363 633.250	0.818	0.177
华兰生物	352 991 929.310	815 968 704.760	555 128 081.340	0.142	0.224	2.375	7.548	0.466	1.207	1.792	1.430	177 096 714.980	0.680	0.279
科华生物	339 115 594.860	484 487 064.940	375 617 111.890	0.199	0.220	3.574	5.191	0.720	2.817	3.740	3.156	206 099 152.380	0.775	0.178

附表 A27　训练样本财务指标原始数据（CSRC 行业分类 C99）

股票简称	X1	X2	X3	X4	X5	X6	X7	X8	X9	X10	X11	X12	X13	X14
安泰科技	2 095 027 461.660	3 258 966 306.960	1 738 255 244.350	0.061	0.050	2.956	10.349	0.721	2.445	1.896	1.333	1 079 982 170.900	0.533	0.406
伟星股份	806 694 542.690	772 595 751.980	430 442 515.840	0.152	0.081	5.453	14.770	1.253	2.780	1.257	0.913	82 241 538.020	0.557	0.415
东信和平	538 985 406.340	593 693 295.840	419 206 062.600	0.050	0.039	3.231	7.467	0.951	3.389	2.488	1.508	244 902 390.360	0.706	0.295
寻兴股份	644 987 172.180	1 015 988 097.400	493 628 951.670	0.099	0.076	6.662	12.690	1.270	3.387	1.384	1.049	169 294 333.250	0.486	0.489
恒宝股份	249 501 747.470	543 266 352.830	392 887 217.200	0.107	0.168	8.211	17.852	0.919	3.633	3.313	2.981	267 092 639.850	0.723	0.241

续表

股票简称	X1	X2	X3	X4	X5	X6	X7	X8	X9	X10	X11	X12	X13	X14
中科英华	546 469 026.570	1 189 302 587.710	779 388 649.380	0.076	0.109	2.735	4.462	0.478	1.235	1.585	1.157	193 720 888.790	0.655	0.290
浙江东日	69 219 228.290	521 333 899.880	383 144 695.290	0.033	0.183	0.329	169.732	0.138	0.425	1.562	0.655	66 837 104.020	0.735	0.228
有研硅股	490 273 597.370	1 069 523 781.780	669 212 057.920	0.027	0.036	1.620	4.925	0.461	0.846	1.231	0.567	85 178 578.450	0.626	0.374
鑫科材料	3 892 421 738.820	1 399 424 390.450	567 548 266.080	0.089	0.013	19.116	71.680	3.062	11.883	1.103	0.767	72 423 926.190	0.406	0.593
S＊ST盛卡	171 052 625.140	2 679 172 909.730	101 179 435.810	−3.608	−2.134	0.991	0.836	0.061	0.408	0.726	0.674	−704 862 369.760	0.038	0.960

附表 A28　训练样本财务指标原始数据（CSRC 行业分类 D01）

股票简称	X1	X2	X3	X4	X5	X6	X7	X8	X9	X10	X11	X12	X13	X14
深南电 A	3 861 752 394.770	4 772 534 344.310	1 587 156 911.220	0.040	0.016	9.983	9.465	0.858	1.315	0.648	0.505	−930 299 124.000	0.333	0.624
穗恒运 A	1 609 566 622.590	3 805 290 764.690	796 830 224.140	0.175	0.087	44.637	7.799	0.451	0.527	0.300	0.279	−904 570 291.000	0.209	0.541
建投能源	1 989 321 786.900	2 575 905 457.420	433 418 455.750	0.111	0.024	12.095	13.489	0.727	0.908	0.312	0.211	−804 007 478.350	0.168	0.644
漳泽电力	3 126 468 478.040	7 501 991 628.230	2 153 669 494.870	0.165	0.113	15.055	15.552	0.520	0.725	0.280	0.219	−2 128 671 111.470	0.287	0.712
吉电股份	1 369 160 521.340	2 608 647 266.590	2 334 245 960.320	0.035	0.060	16.566	7.500	0.529	1.077	1.951	1.666	261 028 932.610	0.895	0.105
赣能股份	720 524 388.650	2 178 675 044.980	1 527 029 008.690	0.041	0.086	26.608	8.391	0.358	0.692	1.002	0.944	636 330.260	0.701	0.279
凯迪电力	1 713 016 567.250	4 476 550 428.000	871 367 965.860	0.132	0.067	3.966	3.209	0.383	0.933	0.705	0.611	−753 890 345.710	0.195	0.669
东方热电	1 018 624 951.900	3 118 326 172.210	1 117 008 316.410	0.008	0.009	3.362	6.784	0.312	0.438	0.568	0.478	−365 102 412.780	0.358	0.629
广州控股	6 096 034 693.750	12 640 777 377.450	8 102 097 352.410	0.087	0.115	25.316	24.629	0.506	1.034	3.290	3.134	2 269 556 129.670	0.641	0.233
S明星电	637 756 410.160	1 982 679 249.610	710 921 485.040	−0.284	−0.316	8.629	41.286	0.304	0.435	0.348	0.309	−561 179 513.230	0.359	0.636

附表 A29　训练样本财务指标原始数据（CSRC 行业分类 E）

股票简称	X1	X2	X3	X4	X5	X6	X7	X8	X9	X10	X11	X12	X13	X14
中工国际	1 115 250 585.030	1 560 375 153.120	862 127 138.420	0.101	0.078	4.724	8.825	1.429	14.858	2.018	1.458	710 627 173.850	0.553	0.447
中油化建	1 925 354 005.550	1 811 594 423.830	604 938 360.610	0.017	0.005	2.022	5.824	1.109	8.211	1.280	0.418	333 655 688.150	0.334	0.658
龙建股份	2 396 158 731.490	4 097 975 271.480	913 414 805.540	0.020	0.008	1.402	3.619	0.612	2.843	0.997	0.486	-7 775 319.740	0.223	0.775
中材国际	7 254 332 838.490	7 983 437 664.460	844 926 283.180	0.156	0.018	4.980	13.834	1.162	16.615	1.047	0.802	319 438 787.530	0.106	0.856
科达股份	506 944 091.900	1 708 874 332.160	558 788 494.520	0.015	0.017	4.383	0.823	0.295	0.909	1.206	1.079	189 209 009.560	0.327	0.655
深天地 A	663 360 228.800	884 427 126.750	251 009 027.860	0.129	0.049	4.336	2.757	0.729	2.029	0.829	0.643	-103 516 137.020	0.284	0.696
深天健	1 971 934 407.490	3 962 661 183.590	1 809 858 847.630	0.062	0.057	1.050	8.730	0.560	6.983	1.736	0.673	1 345 415 587.790	0.457	0.543
中色股份	2 297 904 118.720	3 285 121 581.000	1 320 996 391.000	0.251	0.145	4.559	9.566	0.773	2.808	1.913	1.604	980 735 398.000	0.402	0.479
S 川路桥	2 363 254 515.220	3 353 124 296.160	716 215 039.160	0.018	0.005	2.608	20.212	0.710	3.653	1.000	0.664	-801 516.310	0.214	0.700
龙元建设	7 158 188 767.570	6 689 338 316.160	1 236 489 132.800	0.150	0.026	3.237	3.463	1.181	14.922	1.123	0.700	655 913 161.450	0.185	0.799

附表 A30　训练样本财务指标原始数据（CSRC 行业分类 E01）

股票简称	X1	X2	X3	X4	X5	X6	X7	X8	X9	X10	X11	X12	X13	X14
北方国际	1 493 874 144.190	1 466 697 009.250	468 277 769.650	0.040	0.013	9.879	4.617	1.068	12.439	1.609	1.522	478 487 298.890	0.319	0.650
汇通水利	244 749 326.360	1 156 284 361.830	400 214 010.780	0.027	0.044	5.087	1.823	0.223	0.640	0.641	0.540	-226 607 250.700	0.346	0.551
中国武夷	1 389 435 267.120	3 752 500 798.000	985 648 563.100	0.034	0.024	0.635	6.979	0.386	12.177	1.322	0.475	727 803 958.000	0.263	0.691
粤水电	2 000 037 457.050	1 932 533 742.220	850 555 741.220	0.080	0.034	7.375	13.588	2.070	12.873	1.425	0.975	454 034 178.850	0.440	0.560
宏润建设	2 737 657 865.340	1 511 850 289.210	585 455 509.820	0.117	0.025	12.773	15.754	3.622	25.284	1.446	1.000	395 739 261.010	0.387	0.588

续表

股票简称	X1	X2	X3	X4	X5	X6	X7	X8	X9	X10	X11	X12	X13	X14
大港股份	909 526 258.700	1 174 568 650.350	631 273 929.110	0.086	0.060	2.961	16.066	1.549	21.472	1.857	0.888	462 150 649.160	0.537	0.459
葛洲坝	1 909 862 105.770	10 002 350 413.070	3 504 653 642.410	0.020	0.037	2.842	4.867	0.206	0.310	0.908	0.725	-228 548 054.670	0.350	0.601
上海建工	21 002 447 173.000	13 686 984 169.000	3 357 767 258.000	0.075	0.012	8.791	11.977	1.674	7.470	1.084	0.826	752 387 493.000	0.245	0.723
路桥建设	4 215 039 388.310	5 297 634 184.110	1 562 561 407.540	0.046	0.017	2.111	8.162	0.875	6.164	1.112	0.573	403 393 427.720	0.295	0.695
SST金帝	566 820 996.650	532 209 947.570	145 264 476.320	-0.082	-0.021	8.054	3.205	0.927	2.173	0.146	0.093	-230 629 859.520	0.273	0.727

附表 A31　训练样本财务指标原始数据（CSRC 行业分类 F11）

股票简称	X1	X2	X3	X4	X5	X6	X7	X8	X9	X10	X11	X12	X13	X14
深赤湾A	1 905 312 912.000	4 589 401 082.000	2 246 672 103.000	0.273	0.322	31.801	8.007	0.416	0.595	0.339	0.321	-860 664 716.000	0.490	0.334
秦达股份	1 451 733 360.570	5 216 456 624.810	1 648 075 829.400	0.063	0.071	1.746	15.612	0.299	1.621	0.950	0.592	-131 370 107.110	0.316	0.631
海特高新	152 085 941.160	548 911 847.270	467 597 278.090	0.067	0.205	1.839	1.912	0.277	1.225	5.370	4.412	223 026 700.490	0.852	0.093
南京港	162 370 971.000	575 823 467.000	518 340 966.000	0.060	0.191	41.228	30.589	0.288	0.608	4.187	4.138	150 582 333.000	0.900	0.096
上海机场	2 955 221 027.000	12 057 139 478.000	10 143 900 626.000	0.149	0.512	76.140	5.348	0.273	0.347	0.713	0.705	-548 361 710.000	0.841	0.159
日照港	804 829 326.110	3 996 642 843.910	2 219 110 559.390	0.078	0.214	17.772	9.474	0.403	0.445	0.536	0.445	-326 007 964.290	0.555	0.393
上港集团	12 484 371 461.660	50 818 314 252.360	24 038 783 581.560	0.123	0.237	12.652	9.010	0.349	0.618	0.876	0.838	-2 179 611 095.450	0.473	0.436
重庆路桥	230 833 257.310	3 314 792 455.810	1 182 466 105.470	0.076	0.391	2.688	4.411	0.074	0.129	1.131	1.056	96 479 043.740	0.357	0.643
盐田港	717 036 109.190	4 146 731 304.360	3 229 517 470.600	0.219	0.985	73.518	5.846	0.176	0.547	6.087	6.064	1 336 939 619.310	0.779	0.063
S东北高	713 690 305.990	5 271 825 169.420	3 312 659 594.040	0.055	0.256	15.418	19.742	0.139	0.219	2.007	1.974	664 962 940.360	0.628	0.303

附表 A32　训练样本财务指标原始数据（CSRC 行业分类 G）

股票简称	X1	X2	X3	X4	X5	X6	X7	X8	X9	X10	X11	X12	X13	X14
紫光股份	3 501 902 068.180	1 758 790 673.730	620 903 527.210	0.017	0.003	10.537	8.367	2.045	38.081	1.328	1.066	279 353 289.030	0.353	0.600
国能集团	503 699 269.460	446 030 351.410	317 528 367.270	0.043	0.027	12.172	408.625	1.241	9.205	2.631	2.065	209 578 113.670	0.712	0.288
同方股份	12 117 411 661.250	12 659 945 280.380	3 168 249 705.990	0.051	0.013	3.744	7.031	1.031	5.646	1.124	0.738	966 916 070.320	0.250	0.657
航天信息	3 677 150 571.550	3 472 407 370.560	2 249 583 315.500	0.157	0.096	7.904	23.440	1.151	8.691	3.005	2.594	1 937 980 617.040	0.648	0.287
太工天成	476 850 619.650	993 806 336.690	424 945 807.380	0.091	0.081	3.962	3.752	0.517	3.018	1.568	1.387	297 392 359.810	0.428	0.541
国电南瑞	895 707 662.870	1 466 856 748.150	815 979 680.390	0.136	0.124	2.535	2.895	0.667	5.919	1.951	1.562	579 673 581.450	0.556	0.421
信雅达	399 024 932.940	659 583 095.300	342 821 923.000	0.030	0.026	3.409	2.598	0.589	2.165	1.254	0.904	72 345 148.230	0.520	0.440
四创电子	280 194 185.640	470 066 375.280	312 119 797.130	0.060	0.067	3.033	2.576	0.618	4.657	2.391	1.896	218 954 663.290	0.664	0.336
S＊ST科健	25 164 160.270	469 208 127.900	-1 354 361 336.000	-0.016	0.852	3.213	0.326	0.055	0.250	0.084	0.081	-1 671 156 715.600	-2.886	3.886
S＊ST朝华	22 351 231.290	201 569 950.890	-1 369 223 431.500	0.390	-23.867	0.510	0.827	0.044	0.163	0.031	0.020	-1 520 987 024.950	-6.793	7.791

附表 A33　训练样本财务指标原始数据（CSRC 行业分类 G81）

股票简称	X1	X2	X3	X4	X5	X6	X7	X8	X9	X10	X11	X12	X13	X14
深桑达 A	1 694 515 131.230	1 375 610 308.010	619 701 941.900	0.067	0.024	2.504	11.910	1.258	6.845	1.533	0.635	369 140 817.880	0.450	0.503
中兴通讯	23 031 684 000.000	25 916 949 000.000	10 678 911 000.000	0.076	0.035	5.746	5.230	0.966	8.272	1.840	1.593	9 383 878 000.000	0.412	0.566
闽福发 A	363 864 731.120	1 030 927 398.880	431 654 683.500	0.034	0.041	1.991	4.526	0.342	1.799	1.030	0.735	16 031 587.230	0.419	0.530
领先科技	68 651 887.590	310 663 154.650	104 634 221.520	0.084	0.128	1.488	1.811	0.235	0.649	1.120	0.950	19 689 463.030	0.337	0.611
世纪光华	292 311 843.150	384 551 287.630	187 541 097.240	0.012	0.008	2.065	6.347	0.568	1.645	1.577	0.833	95 596 500.920	0.488	0.449

续表

股票简称	X1	X2	X3	X4	X5	X6	X7	X8	X9	X10	X11	X12	X13	X14
数源科技	946 766 285.450	1 772 259 834.110	547 930 334.020	0.004	0.002	0.733	15.179	0.598	7.377	1.431	0.370	485 608 831.210	0.309	0.673
永鼎汇缨	1 629 452 715.190	3 076 400 789.000	1 051 662 447.030	0.062	0.040	1.846	2.651	0.569	3.108	1.000	0.528	676 378.690	0.342	0.646
中国卫星	894 428 999.580	1 247 393 180.420	389 361 500.840	0.142	0.062	3.337	14.171	0.757	13.188	1.329	0.992	267 761 063.830	0.312	0.665
东方通信	19 409 519 891.030	4 656 018 459.500	2 143 898 744.910	0.014	0.002	23.346	25.385	4.164	23.952	1.506	1.260	1 138 784 104.180	0.460	0.491
S*ST 成功	73 597 401.830	602 788 843.700	-133 504 038.600	-0.194	0.352	1.181	0.955	0.104	0.363	0.510	0.458	-336 504 083.300	-0.221	1.230

附表 A34　训练样本财务指标原始数据（CSRC 行业分类 H）

股票简称	X1	X2	X3	X4	X5	X6	X7	X8	X9	X10	X11	X12	X13	X14
国际实业	523 624 644.480	1 288 750 627.500	527 840 406.900	0.003	0.003	0.879	15.411	0.390	1.109	1.019	0.407	12 490 015.040	0.410	0.583
陕解放A	1 678 225 271.410	1 300 047 414.280	453 674 991.800	0.098	0.027	73.345	78.127	1.363	3.396	0.542	0.505	-300 634 803.590	0.349	0.575
西安民生	887 961 488.170	1 135 530 980.750	593 594 934.760	0.032	0.021	45.534	-8.973	0.793	1.354	0.598	0.567	-217 960 720.000	0.523	0.477
S*ST 天发	681 985 891.900	1 372 829 051.000	189 375 907.800	-0.673	-0.187	15.813	70.803	0.487	0.686	0.181	0.135	-923 404 025.000	0.138	0.822
S*ST 稠城	7 406 679.760	190 954 651.640	-18 753 820.280	2.733	-6.921	23.805	4 059.011	0.033	0.073	0.230	0.228	-161 532 777.260	-0.098	1.098
宝商集团	646 472 533.410	772 001 930.290	333 028 334.910	0.003	0.001	2.971	23.723	0.747	1.570	0.865	0.490	-52 820 221.320	0.431	0.510
华联股份	1 158 666 831.160	1 207 759 938.960	556 384 968.910	0.033	0.016	41.417	-97.000	0.907	4.745	0.730	0.691	-176 027 898.950	0.461	0.539
世茂股份	2 117 810 332.320	2 854 520 476.020	906 307 678.120	0.132	0.057	0.680	381.947	0.770	13.173	1.827	0.626	1 198 584 618.930	0.317	0.543
第一医药	602 934 141.340	481 149 778.900	244 892 435.010	0.053	0.022	3.898	16.815	1.462	5.398	1.222	0.651	52 311 970.710	0.509	0.489
新潮创业	1 090 058 437.790	2 052 928 345.190	360 535 413.280	0.362	0.120	0.360	209.157	0.542	24.791	2.172	0.261	1 054 864 683.020	0.176	0.731

附录 B　检验样本财务指标原始数据

在附录 B 的各表中各变量与实际含义对应如下：X1——主营业务收入；X2——总资产；X3——股东权益（不含少数股东权益）；X4——净资产收益率（净利润）；X5——净利润率；X6——存货周转率；X7——应收账款周转率；X8——资产周转率；X9——固定资产周转率；X10——流动比率；X11——速动比率；X12——净营运资金；X13——股东权益比率；X14——债务资产比率。表中数据有效位截取小数点之后三位。

附表 B1　正常企业检验样本财务指标原始数据

股票简称	CSRC 行业分类	X1	X2	X3	X4	X5	X6	X7	X8	X9	X10	X11	X12	X13	X14
贵州茅台	C0	4 896 186 901.210	9 388 915 003.990	5 897 005 453.580	0.255	0.307	0.413	88.120	0.561	2.246	1.989	1.407	3 356 687 885.730	0.628	0.361
春晖股份	C11	2 145 257 806.290	1 966 571 904.800	991 125 452.530	0.011	0.005	5.828	65.949	1.088	1.891	0.815	0.476	–180 453 028.380	0.504	0.496
众和股份	C11	355 100 116.520	789 624 166.080	453 596 911.410	0.121	0.154	8.036	13.495	0.899	3.281	1.674	1.428	192 143 384.960	0.574	0.424
新野纺织	C11	1 314 916 849.320	1 846 700 554.510	946 313 459.700	0.060	0.043	4.959	22.630	1.424	3.532	1.344	0.783	269 060 214.300	0.512	0.488
黑牡丹	C11	956 279 032.960	1 284 313 354.300	1 023 776 877.250	0.088	0.094	3.184	42.849	0.758	2.112	2.814	1.598	367 761 005.960	0.797	0.199
龙头股份	C11	3 493 666 423.700	3 229 662 395.530	1 382 591 209.430	0.018	0.007	2.678	9.892	1.010	4.319	1.163	0.541	290 469 185.770	0.428	0.559
九龙山	C13	730 463 244.300	2 742 845 383.590	1 846 066 916.950	0.074	0.188	11.080	11.106	0.277	1.323	1.569	1.499	446 421 455.040	0.673	0.286
山东海化	C43	8 338 083 464.130	8 113 023 941.890	2 836 372 879.670	0.104	0.035	13.101	19.523	1.097	1.910	0.946	0.783	–188 639 021.440	0.350	0.628
鲁西化工	C43	3 926 819 463.600	4 556 018 037.170	2 075 026 143.310	0.071	0.038	5.358	184.643	0.924	1.319	1.092	0.413	82 582 325.810	0.455	0.534
中泰化学	C43	1 652 965 074.840	2 084 902 470.000	1 192 376 672.290	0.104	0.075	35.099	98.339	1.586	2.053	0.644	0.541	–251 029 918.170	0.572	0.406

续表

股票简称	CSRC行业分类	X1	X2	X3	X4	X5	X6	X7	X8	X9	X10	X11	X12	X13	X14
兴化股份	C43	648 020 485.360	726 569 552.020	344 641 989.820	0.265	0.141	32.498	57.180	1.784	2.982	1.334	1.181	63 235 785.160	0.474	0.498
巨化股份	C43	3 835 040 861.120	3 768 626 936.000	1 740 358 341.000	0.094	0.043	11.822	52.559	1.068	1.471	0.667	0.483	-394 343 182.100	0.462	0.521
华西村	C47	2 790 553 953.770	2 674 687 555.810	1 103 933 267.390	0.048	0.019	6.644	35.410	1.117	3.286	0.985	0.734	-23 469 819.790	0.413	0.570
上海贝岭	C51	672 414 380.810	2 027 243 132.080	1 764 802 281.400	0.018	0.047	4.686	5.543	0.330	2.422	5.750	4.852	709 055 106.160	0.871	0.125
深天马A	C51	1 511 181 193.130	1 550 620 946.340	859 872 190.130	0.109	0.062	6.025	4.077	1.049	2.688	1.243	0.941	162 518 194.790	0.555	0.440
咸阳偏转	C51	1 185 169 612.650	1 133 886 297.440	533 618 024.480	0.124	0.056	6.871	4.965	1.030	3.914	1.334	1.062	199 550 513.360	0.471	0.533
三精制药	C61	2 064 447 697.850	2 239 367 308.960	955 686 532.120	0.228	0.106	3.575	10.242	0.976	2.878	1.359	1.041	369 555 001.290	0.427	0.516
首创股份	C65	22 141 280 571.130	16 926 492 173.940	5 793 800 696.400	0.084	0.022	16.298	16.365	1.381	3.287	1.624	1.396	3 465 213 192.630	0.342	0.651
武钢股份	C65	41 316 938 539.220	39 788 333 043.080	21 817 153 727.930	0.179	0.094	5.687	5 600.485	1.079	1.532	0.949	0.351	-508 346 201.140	0.548	0.452
株冶火炬	C67	9 292 081 687.110	3 208 085 161.870	1 280 215 869.390	0.333	0.046	6.053	124.665	3.403	13.019	1.451	0.380	771 817 478.960	0.399	0.600
沪东重机	C73	2 258 599 960.050	3 335 945 360.230	1 231 669 226.850	0.217	0.118	2.996	19.330	0.813	4.791	1.457	1.086	809 813 943.610	0.369	0.621
龙净环保	C73	1 763 034 069.210	2 826 237 668.810	852 542 017.150	0.160	0.077	1.552	6.169	0.681	8.410	1.220	0.693	426 528 182.300	0.302	0.688
安徽合力	C73	2 508 242 354.070	2 339 486 500.910	1 701 281 828.920	0.145	0.098	3.490	13.778	1.317	3.757	2.870	1.633	984 786 645.580	0.727	0.241
中联重科	C73	4 625 341 143.350	5 348 138 843.940	2 297 616 406.890	0.209	0.104	2.728	5.001	0.972	4.190	1.248	0.747	741 806 964.300	0.430	0.563
柳工	C73	5 182 127 621.270	3 133 944 761.650	1 875 564 517.930	0.190	0.069	3.376	16.618	1.792	9.324	1.955	0.919	1 173 375 428.900	0.598	0.396

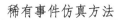

续表

股票简称	CSRC行业分类	X1	X2	X3	X4	X5	X6	X7	X8	X9	X10	X11	X12	X13	X14
经纬纺机	C73	4 609 321 626.000	5 308 920 296.000	2 819 661 936.000	0.065	0.040	2.524	11.619	0.857	3.724	1.669	1.039	1 407 894 326.000	0.531	0.434
山推股份	C73	3 062 604 302.930	2 901 915 873.780	1 531 957 734.070	0.158	0.079	4.107	8.026	1.173	4.828	1.350	0.869	440 927 241.410	0.528	0.437
一汽夏利	C75	8 117 716 493.590	7 095 090 864.180	3 281 227 207.860	0.100	0.041	8.503	26.380	1.123	5.451	0.916	0.690	-307 665 573.450	0.462	0.535
中国重汽	C75	9 469 539 126.100	7 727 326 875.000	1 318 291 624.000	0.170	0.024	5.583	38.045	1.444	14.294	1.071	0.804	428 956 725.000	0.171	0.789
宗申动力	C75	1 856 060 489.740	883 338 408.500	440 631 703.720	0.265	0.063	21.485	17.623	2.279	4.629	0.940	0.706	-23 987 356.010	0.499	0.495
宇通客车	C75	4 954 506 733.510	3 600 060 856.480	1 247 192 096.550	0.177	0.045	5.179	15.608	1.551	8.588	1.274	0.892	601 468 606.590	0.346	0.622
福田汽车	C75	19 311 459 891.340	6 411 776 066.930	1 497 070 919.410	0.032	0.002	9.760	62.696	3.262	7.602	0.778	0.294	-966 034 750.110	0.233	0.766
雪莱特	C76	268 538 482.900	386 407 807.990	321 667 611.020	0.136	0.163	6.823	8.560	1.390	6.276	4.713	3.842	221 169 724.800	0.832	0.159
金智科技	C76	322 524 190.540	574 496 067.830	391 034 151.590	0.117	0.141	10.141	7.551	1.123	7.042	2.792	2.530	287 199 916.980	0.681	0.311
冠城大通	C76	3 433 659 363.660	4 406 808 535.400	627 775 861.080	0.181	0.033	1.623	12.130	0.930	8.169	1.307	0.418	877 622 520.710	0.142	0.816
上电股份	C76	2 291 594 378.030	3 165 074 941.690	1 915 744 377.160	0.287	0.240	14.997	9.988	0.804	9.970	0.915	0.793	-105 745 287.010	0.605	0.393
青岛海尔	C76	19 622 831 178.470	8 476 751 799.860	5 785 942 642.090	0.054	0.016	15.154	16.472	2.573	11.273	2.650	2.010	3 477 009 685.780	0.683	0.253
金陵药业	C81	1 375 734 313.300	2 029 097 065.560	1 552 053 943.650	0.130	0.147	4.628	10.540	0.711	2.322	4.279	3.573	967 782 317.360	0.765	0.163
华东医药	C81	3 942 455 321.180	2 325 438 745.560	641 986 303.900	0.130	0.021	5.093	8.870	1.800	12.555	1.093	0.616	147 960 805.070	0.276	0.687
双鹤药业	C81	4 049 090 023.990	3 259 319 827.120	1 815 543 541.040	0.091	0.041	5.962	7.346	1.145	2.913	1.474	1.096	585 407 629.290	0.557	0.388

续表

股票简称	CSRC行业分类	X1	X2	X3	X4	X5	X6	X7	X8	X9	X10	X11	X12	X13	X14
恒瑞医药	C81	1 422 456 904.530	1 457 971 584.210	1 245 513 366.540	0.166	0.145	3.190	9.600	1.037	2.878	6.709	6.011	804 105 072.980	0.854	0.138
片仔癀	C81	522 205 339.220	730 619 749.820	590 107 170.000	0.139	0.157	2.290	6.965	0.733	5.876	5.444	3.864	433 968 539.580	0.808	0.150
千金药业	C81	602 686 103.100	828 731 434.100	640 575 068.000	0.112	0.119	3.811	14.656	0.741	3.832	3.781	3.256	463 122 983.200	0.773	0.204
马应龙	C81	535 599 394.400	922 072 369.390	604 680 194.750	0.119	0.134	5.090	12.893	0.632	3.152	2.837	2.595	443 670 112.050	0.656	0.272
郑州煤电	D01	2 580 715 344.740	2 182 115 784.920	1 344 194 048.440	0.110	0.057	33.839	12.435	1.196	1.980	1.064	0.945	51 845 973.950	0.616	0.383
京能热电	D01	1 526 457 152.020	1 943 097 795.600	1 576 954 875.100	0.086	0.089	33.925	7.955	0.791	1.393	1.450	1.326	133 844 542.330	0.812	0.188
北京城建	E01	2 103 133 121.440	7 012 103 520.310	1 889 662 190.630	0.041	0.037	0.433	106.270	0.334	5.176	1.132	0.353	621 459 689.690	0.269	0.714
中铁二局	E01	13 344 086 479.620	7 692 093 707.930	1 845 821 246.070	0.055	0.008	6.307	12.193	1.831	13.046	1.116	0.790	649 287 692.190	0.240	0.743
华北高速	F11	787 674 941.190	3 228 458 496.020	3 054 263 793.510	0.082	0.318	267.322	31.761	0.243	0.458	8.948	8.939	1 169 779 690.050	0.946	0.046
波导股份	C81	6 739 564 399.830	3 402 707 484.310	1 353 473 748.460	0.023	0.005	6.856	12.205	1.772	13.554	1.316	0.922	622 399 993.550	0.398	0.591

附表 B2 非正常企业检验样本财务指标原始数据

股票简称	CSRC行业分类	X1	X2	X3	X4	X5	X6	X7	X8	X9	X10	X11	X12	X13	X14
*ST禾嘉	A01	227 902 696.560	906 342 662.680	362 917 206.480	0.005	0.009	1.029	1.833	0.252	0.845	1.025	0.728	12 488 325.020	0.400	0.567
S*ST天香	A01	101 342 850.100	411 905 608.600	−340 209 898.100	1.130	−3.793	3.291	3.060	0.150	1.570	0.266	0.244	−542 641 706.400	−0.826	1.796

续表

股票简称	CSRC行业分类	X1	X2	X3	X4	X5	X6	X7	X8	X9	X10	X11	X12	X13	X14
ST啤酒花	C00	697 751 977.840	879 712 259.070	180 851 856.600	0.211	0.055	2.049	13.649	0.884	1.723	0.552	0.191	-222 751 151.360	0.206	0.577
*ST大江	C00	770 673 918.540	896 448 982.290	196 071 809.710	0.132	0.034	1.839	13.510	0.780	3.178	0.846	0.302	-99 065 853.210	0.219	0.728
S*ST屯河	C00	1 784 592 077.530	3 225 475 331.010	790 850 677.310	0.121	0.054	1.520	8.188	0.570	1.206	0.555	0.181	-1 055 469 182.990	0.245	0.736
S吉生化	C00	1 184 444 178.010	1 203 299 836.000	602 023 399.200	0.013	0.007	6.431	80.531	0.953	3.670	1.171	0.792	72 627 448.100	0.500	0.356
S*ST派神	C11	289 560 886.730	609 130 431.970	321 641 267.170	0.037	0.041	1.676	2.780	0.467	1.595	1.301	0.882	86 433 163.470	0.528	0.472
S圣雪绒	C11	403 043 422.820	844 425 931.490	101 000 355.190	-0.777	-0.195	1.264	4.059	0.437	2.428	0.927	0.493	-47 924 893.730	0.120	0.854
S*ST春花	C11	407 355 448.400	579 391 849.400	76 295 427.510	0.105	0.020	9.066	14.024	0.763	2.014	0.670	0.561	-126 270 933.800	0.132	0.682
S*ST辅仁	C11	182 014 992.220	410 031 492.420	110 104 247.050	0.200	0.121	1.401	8.388	0.561	1.509	0.765	0.239	-65 517 797.940	0.269	0.679
S美尔雅	C13	184 471 649.360	848 982 982.640	410 788 662.310	0.082	0.183	2.083	6.973	0.216	0.721	1.404	1.247	138 101 381.190	0.484	0.473
S*ST聚酯	C13	616 359 382.240	720 938 363.340	1 039 268.170	-57.637	-0.097	8.040	170.867	0.797	1.208	0.245	0.134	-543 516 915.790	0.001	0.999
S开开	C13	693 945 460.100	972 717 049.900	94 848 203.180	-0.417	-0.057	4.848	7.573	0.681	2.497	0.465	0.301	-321 324 268.400	0.098	0.867
S华源发	C13	3 364 364 296.330	3 412 881 409.930	184 823 215.120	-3.130	-0.172	5.269	19.577	0.857	2.324	0.581	0.387	-1 201 228 163.790	0.054	0.896
S石岘纸	C31	681 255 475.200	2 047 187 147.610	344 690 529.860	-0.726	-0.368	4.727	4.453	0.323	0.442	0.464	0.314	-572 202 036.700	0.168	0.831
*ST天宏	C31	346 581 337.760	589 277 418.410	184 585 904.250	0.005	0.003	2.357	11.853	0.534	0.896	0.587	0.170	-149 393 815.520	0.313	0.627
S*ST佳纸	C31	268 242 362.090	851 267 030.000	-677 786 653.520	0.330	-0.834	3.592	5.109	0.294	0.566	0.172	0.127	-1 263 632 798.440	-0.796	1.794

股票简称	CSRC行业分类	X1	X2	X3	X4	X5	X6	X7	X8	X9	X10	X11	X12	X13	X14
*ST金城	C31	628 905 898.220	1 818 953 779.220	299 632 131.560	0.041	0.020	3.151	2.129	0.353	0.739	0.435	0.341	−795 428 688.300	0.165	0.835
ST化工	C43	152 711 851.990	542 955 150.980	240 911 965.580	0.123	0.194	1.145	3.621	0.287	1.108	1.008	0.530	2 090 841.500	0.444	0.487
*ST科苑	C43	343 157 029.020	761 500 314.740	37 958 219.270	0.195	0.022	6.178	6.232	0.456	0.900	0.362	0.283	−443 772 418.390	0.050	0.915
S花炮	C43	143 149 555.050	263 111 954.320	184 403 437.860	−0.028	−0.036	1.866	1.239	0.383	2.823	2.208	2.148	94 703 709.260	0.701	0.298
S*ST源药	C43	506 128 628.980	521 024 031.910	−107 459 167.830	0.700	−0.149	6.971	9.430	0.583	1.377	0.181	0.115	−512 780 796.660	−0.206	1.201
S*ST九化	C47	24 943 408.150	271 721 020.770	194 707 013.650	0.669	5.224	0.689	0.442	0.069	0.157	1.822	1.017	63 287 497.740	0.717	0.283
*ST金岭	C61	266 628 809.380	781 199 993.600	590 129 848.050	0.116	0.258	0.759	2.547	0.257	0.854	1.088	0.937	16 785 508.630	0.755	0.245
S大水	C61	143 262 618.800	380 290 873.490	119 369 972.100	−0.364	−0.304	2.707	1.111	0.373	5.054	0.972	0.795	−7 306 205.190	0.314	0.686
S*ST甫陶	C61	518 620 229.580	1 062 696 558.340	371 999 702.240	0.008	0.006	1.478	3.464	0.472	1.539	0.815	0.396	−121 631 356.280	0.350	0.624
S*ST丹江	C61	178 410 758.310	946 043 740.520	429 597 915.990	0.021	0.051	1.911	1.007	0.194	0.384	0.729	0.512	−139 099 104.130	0.454	0.546
S*ST海龙	C61	474 088 297.950	2 350 345 612.760	557 602 103.310	0.019	0.023	0.964	2.090	0.249	0.710	0.816	0.431	−287 897 947.650	0.237	0.683
*ST玉源	C61	150 017 624.700	945 649 601.800	342 963 554.300	0.060	0.138	1.564	3.174	0.143	0.575	1.014	0.937	8 200 173.100	0.363	0.603
*ST上风	C71	674 381 747.980	896 172 296.470	357 806 307.730	0.020	0.011	9.971	2.986	0.953	3.407	1.188	1.027	88 482 653.580	0.399	0.547
S苏福马	C73	319 048 662.350	526 574 292.940	202 489 764.640	0.013	0.008	3.171	3.251	0.622	1.637	0.931	0.650	−21 085 125.050	0.385	0.595
SST潮科	C73	108 603 587.250	133 658 058.270	−23 635 497.850	0.429	−0.093	5.388	19.511	0.795	1.067	0.252	0.103	−95 923 590.640	−0.177	1.023
S*ST恒立	C73	86 839 468.820	316 989 232.040	−149 887 080.120	−0.068	0.117	2.279	1.789	0.241	0.967	0.383	0.305	−276 753 416.720	−0.473	1.424
S*ST巨力	C75	17 940 013.730	417 210 578.220	293 493 909.000	0.014	0.228	0.274	0.710	0.034	0.068	1.426	0.692	52 693 171.840	0.703	0.297
ST飞彩	C75	207 766 044.580	553 998 203.010	329 854 109.290	0.003	0.005	3.232	2.335	0.355	0.830	1.370	0.952	70 759 947.210	0.595	0.405

续表

股票简称	CSRC行业分类	X1	X2	X3	X4	X5	X6	X7	X8	X9	X10	X11	X12	X13	X14
S东风科	C75	851 775 837.110	1 153 948 910.180	394 462 441.530	0.007	0.003	4.372	5.993	0.758	2.004	0.737	0.496	-183 450 510.390	0.342	0.608
S万家乐	C76	1 817 798 740.660	2 721 594 266.350	458 000 577.370	0.107	0.027	2.727	3.373	0.641	3.401	0.920	0.674	-174 425 836.530	0.168	0.832
S*ST科龙	C76	6 565 241 644.830	4 487 937 484.890	-1 046 928 706.490	-0.023	0.004	5.225	15.612	1.325	3.660	0.443	0.268	-2 913 490 338.060	-0.233	1.180
S阿继	C76	157 510 475.290	491 219 718.270	170 837 590.320	-0.238	-0.258	1.223	1.725	0.194	0.645	0.895	0.669	-32 274 790.750	0.348	0.631
ST冰熊	C76	63 829 497.600	427 267 111.900	137 256 387.800	0.016	0.035	0.279	0.776	0.163	0.848	1.316	0.539	84 376 910.500	0.321	0.624
S光电	C78	224 276 663.670	527 728 826.700	430 875 367.400	-0.093	-0.179	4.076	2.723	0.401	2.322	3.715	3.296	216 530 942.590	0.816	0.151
S长高新	C85	580 454 579.470	1 454 261 075.730	317 841 785.840	0.017	0.009	0.635	6.710	0.405	1.409	1.424	0.640	278 031 273.640	0.219	0.668
S*ST海纳	C99	125 266 396.200	222 707 493.300	-288 344 863.300	-0.042	0.096	1.587	6.830	0.633	3.355	0.309	0.224	-349 617 525.300	-1.295	2.271
S北海港	F11	138 333 245.830	884 491 343.350	362 011 827.190	-0.206	-0.540	75.123	4.458	0.170	0.274	0.817	0.812	-73 123 934.250	0.409	0.588
S延边路	F11	85 698 182.720	401 049 060.460	233 943 094.550	0.048	0.131	2.547	4.129	0.215	0.361	0.813	0.656	-19 615 064.880	0.583	0.409
S沪科技	G	874 544 594.930	1 008 548 529.650	218 106 557.850	-0.566	-0.141	7.001	5.532	0.731	3.197	0.958	0.841	-32 521 475.200	0.216	0.764
S兰光	G81	136 732 953.340	719 886 327.820	404 821 927.670	-0.406	-1.201	1.053	2.916	0.148	0.988	1.849	1.606	258 826 613.850	0.562	0.423
*ST华光	G81	251 227 209.540	1 843 739 818.240	292 870 661.920	0.029	0.034	7.589	2.203	0.131	1.291	0.327	0.309	-679 120 886.270	0.159	0.722
S前锋	G81	132 914 505.220	726 908 784.200	259 468 750.360	-0.079	-0.154	0.306	10.781	0.170	0.562	1.227	0.777	85 944 343.080	0.357	0.615
S*ST朝城	H	7 406 679.760	190 954 651.640	-18 753 820.280	2.733	-6.921	23.805	4 059.011	0.033	0.073	0.230	0.228	-161 532 777.260	-0.098	1.098

附录 C 预警监测指标输入数据

附表 C1 预警监测指标输入数据

风险等级	盈利能力	经营能力	短期偿债能力	长期偿债能力
	0.616	0.815 0	0.513 333	0.500
	0.568	0.545 0	0.513 333	0.500
	0.554	0.470 0	0.443 333	0.495
	0.502	0.477 5	0.573 333	0.490
	0.480	0.457 5	0.616 667	0.500
	0.576	0.495 0	0.483 333	0.495
	0.554	0.485 0	0.390 000	0.495
	0.500	0.470 0	0.483 333	0.500
	0.480	0.490 0	0.466 667	0.505
	0.654	0.455 0	0.750 000	0.500
	0.452	0.427 5	0.393 333	0.505
	0.382	0.545 0	0.540 000	0.505
正常企业	0.524	0.702 5	0.460 000	0.495
	0.542	0.632 5	0.536 667	0.500
	0.482	0.475 0	0.370 000	0.505
	0.472	0.527 5	0.496 667	0.500
	0.492	0.445 0	0.416 667	0.495
	0.522	0.560 0	0.473 333	0.505
	0.484	0.522 5	0.630 000	0.495
	0.556	0.555 0	0.666 667	0.505
	0.488	0.442 5	0.483 333	0.500
	0.506	0.520 0	0.386 667	0.505
	0.554	0.512 5	0.563 333	0.510
	0.468	0.467 5	0.596 667	0.460
	0.492	0.627 5	0.483 333	0.505

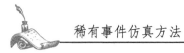

续表

风险等级	盈利能力	经营能力	短期偿债能力	长期偿债能力
	0.488	0.625 0	0.453 333	0.500
	0.478	0.507 5	0.476 667	0.470
	0.458	0.405 0	0.463 333	0.510
	0.592	0.580 0	0.603 333	0.510
	0.430	0.457 5	0.430 000	0.500
	0.454	0.527 5	0.493 333	0.505
	0.612	0.522 5	0.543 333	0.470
	0.590	0.530 0	0.393 333	0.500
	0.500	0.425 0	0.560 000	0.505
	0.442	0.450 0	0.473 333	0.515
	0.480	0.437 5	0.583 333	0.505
	0.552	0.480 0	0.526 667	0.505
	0.454	0.577 5	0.590 000	0.460
	0.670	0.537 5	0.596 667	0.510
正常企业	0.446	0.465 0	0.370 000	0.510
	0.492	0.550 0	0.573 333	0.510
	0.458	0.450 0	0.460 000	0.495
	0.492	0.452 5	0.456 667	0.485
	0.446	0.410 0	0.613 333	0.510
	0.596	0.630 0	0.423 333	0.505
	0.654	0.620 0	0.426 667	0.490
	0.612	0.522 5	0.486 667	0.480
	0.490	0.427 5	0.456 667	0.500
	0.502	0.540 0	0.406 667	0.495
	0.472	0.530 0	0.476 667	0.505
	0.500	0.455 0	0.533 333	0.510
	0.508	0.585 0	0.486 667	0.485
	0.516	0.502 5	0.580 000	0.495
	0.492	0.445 0	0.480 000	0.505

风险等级	盈利能力	经营能力	短期偿债能力	长期偿债能力
	0.602	0.770 0	0.626 667	0.495
	0.480	0.417 5	0.593 333	0.500
	0.450	0.490 0	0.490 000	0.480
	0.574	0.482 5	0.453 333	0.505
	0.622	0.522 5	0.510 000	0.510
	0.464	0.395 0	0.536 667	0.505
	0.656	0.457 5	0.383 333	0.500
	0.452	0.400 0	0.550 000	0.505
	0.478	0.512 5	0.436 667	0.490
	0.690	0.452 5	0.503 333	0.500
	0.462	0.427 5	0.670 000	0.500
	0.478	0.422 5	0.476 667	0.500
	0.484	0.507 5	0.503 333	0.500
	0.482	0.470 0	0.630 000	0.500
正常企业	0.480	0.437 5	0.580 000	0.495
	0.526	0.462 5	0.490 000	0.495
	0.486	0.512 5	0.596 667	0.500
	0.502	0.645 0	0.520 000	0.500
	0.528	0.500 0	0.526 667	0.500
	0.492	0.587 5	0.563 333	0.500
	0.578	0.715 0	0.486 667	0.495
	0.488	0.650 0	0.680 000	0.500
	0.496	0.510 0	0.473 333	0.500
	0.486	0.470 0	0.436 667	0.500
	0.584	0.492 5	0.370 000	0.500
	0.484	0.462 5	0.576 667	0.500
	0.470	0.475 0	0.546 667	0.500
	0.602	0.462 5	0.703 333	0.480
	0.552	0.500 0	0.396 667	0.510

续表

风险等级	盈利能力	经营能力	短期偿债能力	长期偿债能力
	0.530	0.507 5	0.523 333	0.495
	0.580	0.475 0	0.536 667	0.485
	0.512	0.492 5	0.460 000	0.510
	0.442	0.495 0	0.460 000	0.505
	0.440	0.567 5	0.580 000	0.505
	0.494	0.577 5	0.483 333	0.500
	0.474	0.495 0	0.560 000	0.505
	0.472	0.627 5	0.563 333	0.505
	0.480	0.572 5	0.510 000	0.500
	0.476	0.527 5	0.716 667	0.495
	0.488	0.480 0	0.400 000	0.500
	0.468	0.535 0	0.550 000	0.495
	0.480	0.497 5	0.526 667	0.495
	0.462	0.380 0	0.483 333	0.495
正常企业	0.544	0.497 5	0.536 667	0.500
	0.480	0.475 0	0.476 667	0.505
	0.582	0.642 5	0.606 667	0.505
	0.488	0.465 0	0.486 667	0.500
	0.560	0.650 0	0.550 000	0.500
	0.580	0.430 0	0.480 000	0.495
	0.460	0.470 0	0.476 667	0.495
	0.494	0.522 5	0.496 667	0.500
	0.560	0.507 5	0.450 000	0.505
	0.450	0.462 5	0.546 667	0.500
	0.470	0.540 0	0.576 667	0.505
	0.666	0.612 5	0.660 000	0.395
	0.422	0.415 0	0.460 000	0.510
	0.510	0.447 5	0.466 667	0.505
	0.520	0.565 0	0.443 333	0.510

风险等级	盈利能力	经营能力	短期偿债能力	长期偿债能力
	0.498	0.667 5	0.443 333	0.510
	0.500	0.430 0	0.543 333	0.515
	0.488	0.442 5	0.456 667	0.500
	0.514	0.462 5	0.646 667	0.515
	0.504	0.507 5	0.503 333	0.490
	0.492	0.560 0	0.433 333	0.485
	0.638	0.500 0	0.340 000	0.500
	0.512	0.482 5	0.570 000	0.485
	0.506	0.487 5	0.486 667	0.490
	0.526	0.490 0	0.730 000	0.485
	0.490	0.517 5	0.513 333	0.470
	0.484	0.517 5	0.456 667	0.510
	0.510	0.557 5	0.396 667	0.510
	0.644	0.457 5	0.583 333	0.505
正常企业	0.494	0.537 5	0.460 000	0.510
	0.550	0.505 0	0.500 000	0.500
	0.450	0.637 5	0.443 333	0.490
	0.530	0.595 0	0.530 000	0.495
	0.492	0.472 5	0.506 667	0.495
	0.500	0.447 5	0.430 000	0.495
	0.472	0.477 5	0.520 000	0.500
	0.476	0.375 0	0.453 333	0.505
	0.496	0.432 5	0.666 667	0.505
	0.466	0.590 0	0.696 667	0.505
	0.502	0.677 5	0.690 000	0.500
	0.482	0.550 0	0.583 333	0.495
	0.512	0.427 5	0.560 000	0.505
	0.508	0.480 0	0.553 333	0.500
	0.436	0.485 0	0.386 667	0.515

续表

风险等级	盈利能力	经营能力	短期偿债能力	长期偿债能力
	0.426	0.482 5	0.473 333	0.500
	0.510	0.445 0	0.556 667	0.495
	0.494	0.442 5	0.470 000	0.505
	0.478	0.562 5	0.833 333	0.500
	0.420	0.490 0	0.463 333	0.500
	0.500	0.452 5	0.460 000	0.500
	0.480	0.497 5	0.490 000	0.500
	0.520	0.482 5	0.490 000	0.495
	0.486	0.565 0	0.440 000	0.505
	0.524	0.517 5	0.533 333	0.505
	0.544	0.497 5	0.476 667	0.495
	0.596	0.510 0	0.360 000	0.505
	0.776	0.490 0	0.670 000	0.505
	0.594	0.455 0	0.556 667	0.500
正常企业	0.492	0.535 0	0.446 667	0.510
	0.558	0.540 0	0.470 000	0.500
	0.358	0.510 0	0.506 667	0.485
	0.496	0.470 0	0.470 000	0.505
	0.496	0.600 0	0.480 000	0.500
	0.438	0.447 5	0.440 000	0.510
	0.638	0.597 5	0.523 333	0.505
	0.806	0.505 0	0.613 333	0.500
	0.446	0.457 5	0.433 333	0.515
	0.470	0.455 0	0.470 000	0.500
	0.580	0.475 0	0.523 333	0.480
	0.466	0.452 5	0.426 667	0.485
	0.560	0.450 0	0.550 000	0.510
	0.508	0.452 5	0.656 667	0.510
	0.506	0.482 5	0.473 333	0.485

风险等级	盈利能力	经营能力	短期偿债能力	长期偿债能力
	0.468	0.512 5	0.430 000	0.515
	0.464	0.520 0	0.590 000	0.480
	0.518	0.487 5	0.766 667	0.515
	0.600	0.505 0	0.393 333	0.505
	0.518	0.417 5	0.526 667	0.510
	0.550	0.505 0	0.526 667	0.500
	0.562	0.540 0	0.483 333	0.475
	0.530	0.545 0	0.493 333	0.510
	0.580	0.437 5	0.460 000	0.495
	0.440	0.405 0	0.476 667	0.505
	0.444	0.455 0	0.483 333	0.505
	0.522	0.645 0	0.460 000	0.505
	0.424	0.420 0	0.410 000	0.495
	0.462	0.422 5	0.516 667	0.495
正常企业	0.402	0.375 0	0.643 333	0.500
	0.488	0.462 5	0.480 000	0.500
	0.524	0.410 0	0.383 333	0.500
	0.498	0.665 0	0.586 667	0.500
	0.454	0.437 5	0.483 333	0.500
	0.466	0.472 5	0.563 333	0.500
	0.676	0.507 5	0.646 667	0.505
	0.616	0.605 0	0.633 333	0.500
	0.544	0.442 5	0.450 000	0.475
	0.458	0.477 5	0.436 667	0.505
	0.468	0.412 5	0.493 333	0.510
	0.476	0.435 0	0.383 333	0.515
	0.522	0.452 5	0.520 000	0.510
	0.504	0.437 5	0.570 000	0.495
	0.656	0.592 5	0.750 000	0.505

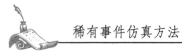

风险等级	盈利能力	经营能力	短期偿债能力	长期偿债能力
	0.702	0.655 0	0.453 333	0.505
	0.460	0.567 5	0.480 000	0.490
	0.520	0.417 5	0.536 667	0.500
	0.490	0.545 0	0.466 667	0.500
	0.664	0.632 5	0.463 333	0.490
	0.542	0.460 0	0.813 333	0.505
	0.468	0.435 0	0.513 333	0.490
	0.468	0.432 5	0.416 667	0.500
	0.400	0.402 5	0.450 000	0.505
	0.636	0.717 5	0.493 333	0.500
	0.604	0.510 0	0.483 333	0.495
	0.510	0.445 0	0.493 333	0.500
	0.530	0.460 0	0.516 667	0.495
	0.428	0.412 5	0.516 667	0.490
正常企业	0.488	0.442 5	0.483 333	0.510
	0.460	0.520 0	0.556 667	0.510
	0.520	0.497 5	0.510 000	0.475
	0.496	0.580 0	0.383 333	0.495
	0.658	0.652 5	0.566 667	0.505
	0.512	0.530 0	0.453 333	0.495
	0.466	0.457 5	0.480 000	0.510
	0.532	0.465 0	0.483 333	0.505
	0.496	0.532 5	0.396 667	0.505
	0.568	0.732 5	0.540 000	0.500
	0.434	0.427 5	0.490 000	0.510
	0.490	0.485 0	0.496 667	0.510
	0.654	0.407 5	0.460 000	0.485
	0.568	0.710 0	0.506 667	0.500
	0.558	0.517 5	0.456 667	0.500

风险等级	盈利能力	经营能力	短期偿债能力	长期偿债能力
	0.542	0.452 5	0.493 333	0.500
	0.566	0.455 0	0.513 333	0.495
	0.406	0.400 0	0.393 333	0.500
	0.500	0.510 0	0.460 000	0.500
	0.524	0.425 0	0.536 667	0.505
	0.518	0.495 0	0.486 667	0.500
	0.504	0.510 0	0.526 667	0.500
	0.536	0.762 5	0.473 333	0.505
	0.560	0.472 5	0.583 333	0.500
	0.482	0.515 0	0.490 000	0.500
	0.476	0.490 0	0.583 333	0.505
	0.486	0.522 5	0.506 667	0.500
	0.476	0.525 0	0.693 333	0.500
	0.492	0.452 5	0.516 667	0.500
正常企业	0.472	0.525 0	0.490 000	0.500
	0.488	0.442 5	0.470 000	0.505
	0.604	0.592 5	0.760 000	0.480
	0.492	0.560 0	0.473 333	0.505
	0.508	0.537 5	0.450 000	0.450
	0.482	0.540 0	0.446 667	0.465
	0.544	0.525 0	0.420 000	0.515
	0.484	0.520 0	0.600 000	0.515
	0.478	0.502 5	0.523 333	0.505
	0.500	0.455 0	0.483 333	0.480
	0.454	0.432 5	0.476 667	0.515
	0.494	0.592 5	0.643 333	0.510
	0.432	0.505 0	0.460 000	0.510
	0.472	0.430 0	0.416 667	0.510
	0.594	0.600 0	0.476 667	0.495

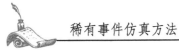

风险等级	盈利能力	经营能力	短期偿债能力	长期偿债能力
	0.422	0.402 5	0.503 333	0.505
	0.448	0.450 0	0.413 333	0.505
	0.544	0.465 0	0.596 667	0.515
	0.600	0.537 5	0.496 667	0.500
	0.616	0.487 5	0.666 667	0.465
	0.646	0.537 5	0.546 667	0.500
	0.444	0.540 0	0.646 667	0.500
	0.464	0.437 5	0.413 333	0.460
	0.474	0.455 0	0.530 000	0.490
	0.498	0.560 0	0.573 333	0.520
	0.500	0.685 0	0.570 000	0.505
	0.516	0.545 0	0.596 667	0.515
	0.564	0.425 0	0.456 667	0.485
	0.504	0.462 5	0.500 000	0.510
正常企业	0.578	0.467 5	0.633 333	0.475
	0.546	0.527 5	0.433 333	0.470
	0.472	0.555 0	0.460 000	0.495
	0.458	0.517 5	0.576 667	0.500
	0.456	0.515 0	0.556 667	0.510
	0.582	0.480 0	0.453 333	0.510
	0.482	0.520 0	0.453 333	0.495
	0.754	0.512 5	0.413 333	0.485
	0.484	0.417 5	0.476 667	0.505
	0.564	0.532 5	0.680 000	0.500
	0.514	0.660 0	0.496 667	0.495
	0.488	0.652 5	0.583 333	0.500
	0.672	0.487 5	0.496 667	0.500
	0.488	0.460 0	0.566 667	0.500
	0.498	0.460 0	0.520 000	0.500

续表

风险等级	盈利能力	经营能力	短期偿债能力	长期偿债能力
正常企业	0.512	0.465 0	0.550 000	0.500
	0.488	0.457 5	0.480 000	0.500
	0.582	0.877 5	0.560 000	0.495
	0.496	0.535 0	0.493 333	0.500
	0.770	0.522 5	0.766 667	0.510
	0.490	0.450 0	0.453 333	0.500
	0.490	0.427 5	0.480 000	0.495
	0.478	0.462 5	0.506 667	0.495
	0.490	0.522 5	0.460 000	0.505
	0.508	0.452 5	0.430 000	0.510
	0.496	0.565 0	0.506 667	0.505
	0.520	0.522 5	0.506 667	0.510
	0.496	0.435 0	0.486 667	0.510
	0.510	0.595 0	0.476 667	0.510
	0.492	0.485 0	0.570 000	0.505
	0.470	0.462 5	0.486 667	0.500
	0.628	0.500 0	0.636 667	0.475
	0.454	0.517 5	0.540 000	0.505
	0.530	0.530 0	0.590 000	0.490
	0.534	0.577 5	0.460 000	0.495
非正常企业	0.358	0.455 0	0.393 333	0.500
	0.360	0.397 5	0.403 333	0.510
	0.450	0.430 0	0.350 000	0.510
	0.460	0.457 5	0.466 667	0.510
	0.482	0.472 5	0.446 667	0.510
	0.326	0.480 0	0.426 667	0.505
	0.420	0.407 5	0.316 667	0.505
	0.376	0.460 0	0.396 667	0.500
	0.496	0.402 5	0.400 000	0.500

风险等级	盈利能力	经营能力	短期偿债能力	长期偿债能力
	0.462	0.412 5	0.366 667	0.490
	0.530	0.425 0	0.343 333	0.495
	0.428	0.505 0	0.383 333	0.505
	0.402	0.510 0	0.440 000	0.515
	0.482	0.450 0	0.450 000	0.515
	0.452	0.562 5	0.466 667	0.510
	0.496	0.535 0	0.380 000	0.500
	0.508	0.385 0	0.493 333	0.505
	0.502	0.447 5	0.526 667	0.490
	0.424	0.385 0	0.393 333	0.510
	0.424	0.472 5	0.410 000	0.505
	0.422	0.430 0	0.470 000	0.510
非正常企业	0.398	0.442 5	0.380 000	0.505
	0.470	0.412 5	0.366 667	0.505
	0.460	0.440 0	0.410 000	0.510
	0.350	0.400 0	0.360 000	0.500
	0.314	0.420 0	0.420 000	0.505
	0.310	0.562 5	0.456 667	0.515
	0.456	0.527 5	0.436 667	0.475
	0.338	0.485 0	0.326 667	0.515
	0.484	0.450 0	0.513 333	0.495
	0.418	0.405 0	0.340 000	0.500
	0.456	0.425 0	0.340 000	0.500
	0.492	0.415 0	0.373 333	0.505
	0.462	0.455 0	0.343 333	0.505